베트남

VIETNAM

베트남

VIETNAM

제프리 머레이 지음 | 정용숙 옮김

세계의 **풍습과 문화**가
궁금한 이들을 위한
필수 안내서

시그마북스
Sigma Books

세계 문화 여행 _ 베트남

발행일 2023년 2월 20일 개정판 1쇄 발행
지은이 제프리 머레이
옮긴이 정용숙
발행인 강학경
발행처 시그마북스
마케팅 정제용
에디터 최연정, 최윤정
디자인 우주연, 김문배, 강경희

등록번호 제10-965호
주소 서울특별시 영등포구 양평로 22길 21 선유도코오롱디지털타워 A402호
전자우편 sigmabooks@spress.co.kr
홈페이지 http://www.sigmabooks.co.kr
전화 (02) 2062-5288~9
팩시밀리 (02) 323-4197
ISBN 979-11-6862-102-2 (04900)
　　　 978-89-8445-911-3 (세트)

CULTURE SMART! VIETNAM

베트남 전도

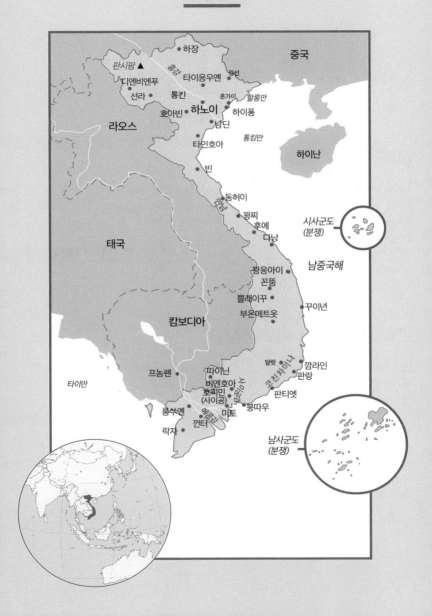

하장
타이응우옌
랑선
판시팡 ▲
디엔비엔푸
선라
통킨
혼가이
할롱만
호아빈
하노이
하이퐁
남딘
타인호아
통킹만
빈
하이난
동허이
꽝찌
호에
다낭
시사군도
(분쟁)
남중국해
꽝응아이
꼰뚬
쁠래이꾸
부온메토옷
꾸이년
깜라인
달랏
판랑
코친차이나
판티엣
따이닌
비엔호아
호찌민
(사이공)
미토
붕따우
롱쑤옌
껀터
락자
프놈펜
남사군도
(분쟁)

중국
라오스
태국
캄보디아
타이만

차   례

20세기 후반기 베트남은 온갖 안 좋은 이슈로 언론의 헤드라인을 장식했다. 연이은 전쟁 때문이었다. 게다가 이 전쟁이 과연 끝날 것인가도 의문이었다. 여러 전쟁 당사국의 잘잘못을 제대로 가려내는 일 역시 쉽지 않았다. 처음엔 프랑스가 베트남의 민족주의를 억압하는 과정에서 전쟁이 일어났고, 그 뒤다시 미국이 주도한 전쟁이 이어졌다.

미국은 애초에 만만한 상대로 여겼던 이 끈질기고 회복력이 뛰어난 민족에게 마침내 참패하고 말았다. 미국은 베트남이 강력한 이웃 국가인 중국의 손아귀를 벗어나기 위해 거의 1000년 이상 투쟁해왔을 뿐 아니라, 결국 그 투쟁에서 승리한 민족이란 사실을 다시금 떠올릴 수밖에 없었을 것이다. 역경을 헤쳐나가는 인내심이야말로 베트남의 국민성을 대변한다고할 수 있다.

베트남 국민은 1975년 재통일을 맞이한 이후에도 수많은 어려움을 감내해야만 했다. 특히 남베트남은 전후 다년간 극심한 고통에 시달릴 수밖에 없었다. 이 과정에서 해외 도피를 선택한 이들이 많았고, 남은 이들은 공산정권 아래에서 새로운 삶에 힘겹게 적응하는 와중에 설상가상으로 경제적 궁핍까지 심해 기아에 허덕여야 했다.

그러나 오늘날 이들의 삶은 현저히 향상되었다. 베트남이 마르크스주의 핵심 강령 중 하나인 중앙계획경제를 포기하고 '사회주의적 시장경제'를 채택한 것은 상당히 과감한 행보였다. 뿐만 아니라 이들은 문호를 개방하고 과거의 적대국까지도 마다하지 않고 해외투자 유치를 시도했다. 그 결과 베트남은 이제 전 세계에서 경제성장 속도가 가장 빠른 국가 중 하나가 되었다.

이제 이 나라를 찾는 방문자의 눈에 비친 베트남 국민은 자신감에 차 있고 독립적이며 얼마간 남아 있는 전쟁의 상처와 원한까지도 보듬으려는 모습이다. 그들은 열려 있으며 우호적일 뿐 아니라 유머와 위트를 지니고 있다. 또 외부세계에 대한 호기심을 진솔하게 표현한다. 낯선 이들에게 친절하며 가능하면 도움을 주려고 한다. 뿐만 아니라 근면하고 자신들의 생활수준을 향상시키려는 의지가 강하다. 그리고 비교적 정직한 편이며 자신에게 찾아온 기회는 절대 놓치는 법이 없다.

이 책은 베트남의 역사와 문화, 전통, 지혜, 그리고 그들의 현대적 삶의 방식에 대해 궁금증을 지닌 여행자와 방문자를 대상으로 쓰였다. 이 책은 그들 문화에 깊이 뿌리박힌 태도, 그리고 현재 그들이 경험하는 사회·경제·문화적 변화에 대해 설명해줄 것이다. 또한 베트남에 대해 지닌 흔한 오해를 불식시켜줄 것이며, 그들이 여러 낯선 상황에서 무엇을 기대하고 어떻게 처신해야 할지에 대해 실제적인 조언을 제공할 것이다. 당신의 방문 목적이 비즈니스든 아니면 관광이든 아무쪼록 이 책을 통해 매혹적인 이 나라와 국민이 지닌 온기와 엄청난 잠재력을 발견할 수 있기를 바란다.

기 본 정 보

공식 명칭	베트남 사회주의 공화국	
수도	하노이	
주요 도시	호찌민시(사이공), 껀터, 다낭, 후에, 빈, 하이퐁	주요 항구: 호찌민시, 깜라인만, 다낭, 하이퐁
면적	33만 1,210km²	
국토	남과 북의 삼각주지역, 중부 고원 지역, 최북단과 북서부의 구릉 및 산악지역	주요 강: 홍강(북부)과 메콩강(남부)
기후	남부: 아열대, 북부: 몬순	
인구	약 9,818만 명	
민족 구성	85~90%: 베트남인, 나머지: 화교, 몽족, 타이족, 크메르족, 참족, 고산족	중국인을 제외한 소수민족은 주로 국경지 역에 거주
기대 수명	76.3세	
문해율	97.5%	
언어	베트남어가 공용어다.	베트남어 외에도 110개의 공인 언어와 방언이 있다.
종교	불교, 까오다이교, 기독교(천주교), 호아하오교, 도교	
정부	베트남 공산당(CPV)이 통치하는 일당체제	5년마다 선거 실시

경제	1980년대 도이머이(개혁) 정책을 도입한 이래 활기 넘치는 시장경제 체제로 변화	산업 분야별 GDP 비중 : 농업 13%, 제조업 33%, 서비스업 51%
통화	베트남 동(VND)	
교열	세계 20대 수출국 반열	주요 수출품 : 전기기계, 신발, 섬유
현지 매체	<인민일보>, <인민군보>, <새 하노 이>, <사이공 해방신문>	가장 인기 있는 베트남어 뉴스 사이트 : 24H Vnexpress, Zing, Bao Moi
영어 매체	<베트남 뉴스>, <뉴스 트로브>, <사 이공 타임스 데일리>, <베트 남 투 자 리뷰>, <헤리티지> 등	베트남 현지 통신사마다 영어 서비스 제공하는데 다음이 대표적이다. vietnamnews.vn / vietnamplus. vn / vietnamnews.net
전압	220V, 50Hz	콘센트는 납작하거나 동그란 두 개의 구멍으로 된 것이 대부분, 일부 호텔은 영국식(3개의 구멍)
인터넷 도메인	.vn	
전화	국가번호 : 84	국제전화 : 00 하노이 지역번호 : 4 호찌민 지역번호 : 8
시간대	우리나라보다 2시간 늦음	

01

영토와 국민

동남아시아의 심장부이자 인도차이나반도 동쪽에 위치한 베트남은 지정학적 요인으로 인해 여러 강대국이 탐내는 대상이 되었다. 중국은 국력이 강해질 때마다 베트남에 대한 주도권을 유지하려 안간힘을 썼다. 반대로 베트남은 중국의 힘이 약해질 때마다 독립을 쟁취할 기회를 노렸다.

지리적 정보

베트남은 동남아시아 심장부이자 인도차이나반도의 동쪽에 위치하며, 북쪽으로는 중국, 서쪽으로는 라오스와 캄보디아, 동쪽과 남쪽으로는 남중국해와 접해 있다.

해안선의 길이는 총 3,278km에 달하며, 내륙 쪽 국경은 총 3,751km이다. 지도상으로 살펴보면 국토가 기다란 S자 형태인 것을 바로 알 수 있다. 최북단에서 최남단에 이르는 총 길이는 1,659km이지만 동서의 최대 폭은 상단부의 600km로 중부연안에 위치한 꽝빈성으로 내려오면 그 폭이 가장 좁아져 고작 50km밖에 되지 않는다. 베트남이 '태평양의 발코니'란 별칭을 갖게 된 것은 이런 이유에서다.

베트남은 울퉁불퉁한 산악지형부터 습하고 비옥한 평지에 이르기까지 모두 네 가지의 뚜렷한 지리적 구분을 지을 수 있다. 국토의 4분의 3이 산과 구릉으로 이루어져 있으며 그 아래로 삼각주와 좁은 평원이 펼쳐진다. 북동부에는 1945년부터 1954년까지 베트민 혁명 정부의 본부가 위치해 있던 지역인 '비엣박'이 있다. 북서부 지역에는 높이가 무려 3,143m에 이르는 베트남 최고봉 판시팡산이 자리하며, 그 유명한 디엔비엔푸

석회암과 화강암지대인 베트남 북부 산맥의 삼림

전투 현장이 바로 이곳에 있다. 인도차이나반도에 대한 식민통
치를 고수하려던 프랑스의 바람은 1954년, 이 전투에서 패한
후 실패로 돌아간다. 이 산 아래로 홍강 삼각주가 펼쳐지는데,
이 지역은 충적토로 이루어진 평원으로 북부에서 인구밀도가
가장 높은 곳이기도 하다.

　　남쪽으로 좀 더 내려가면 쯔엉 손(안남산맥)이 등장하는데 이
곳은 베트남의 등뼈라 할 수 있다. 이 지역의 고원지대(서부 고원)
는 캄보디아와 남중국해의 경계를 이룬다. 서부고원 남쪽으로
는 비옥한 습지 저지대인 메콩 삼각주가 펼쳐진다. 이곳은 베트
남의 최남단인 까마우 반도의 맹그로브 늪과 이어져 있다.

베트남 내륙 곳곳은 크고 작은 수많은 강들이 가로지르고 있다. 해안선을 따라 20km마다 강 하구와 맞닿아 있다. 머나먼 중국에서 발원해 베트남 국토를 길게 가로지르는 홍강과 메콩강에 비하면 대개는 규모가 작고 길이도 짧은 강들이다. 바닷물이 범람하지 못하도록 제방과 운하 시스템을 갖춘 이후 메콩 삼각주 지역은 본격적으로 농업의 발전을 꾀할 수 있었다. 그전까지만 해도 특히 기나긴 우기가 찾아오면 남중국해의 바닷물이 범람하곤 했다. 메콩 삼각주는 5만 8,000km^{2}에 이르는 광활한 지역이다. 이곳은 비옥한 토양과 유리한 기후조건 덕분에 베트남 최대의 곡창지대다. 한편 인근 지역민이 '북부 삼각주'라 부르는 홍강 삼각주는 2만 4,000km^{2}에 달한다. 이 지역은 홍강과 타이빈강이 실어온 충적토로 이루어졌다.

베트남의 해안은 그 특이한 지형으로 인해 다수의 심해항이 형성되기에 최적의 조건을 갖추었다. 북부 지방을 시작으로 남쪽을 향해 여행하다 보면 이런 항구를 여럿 만날 수 있다. 혼가이, 하이퐁(하노이의 발전에 기여), 꾸아로, 다낭, 꾸이년, 깜라인, 붕따우, 호찌민시(사이공) 등을 들 수 있다. 다낭을 기점으로 남쪽에 있는 항구들은 베트남 참전용사들에게는 꽤 친숙한 지명일 텐데, 모두 미국이 병참기지 역할을 위해 건설한 곳

이기 때문이다. 특히 깜라인항은 세계에서 가장 이상적인 심해항의 하나로서 세계적으로도 유명하다.

베트남 대륙을 에워싼 바다로 나가면 북쪽 끝에서 남쪽 끝에 이르기까지 수천 개의 크고 작은 섬이 흩어져 있다. 그중에서도 남중국해에 위치한 남사군도(쯔엉사 군도)와 시사군도(호앙사 군도)는 중국과 영유권 분쟁 중에 있다.

뿐만 아니라 베트남은 긴 해안선을 따라 순백의 모래사장이 펼쳐진, 눈부시게 아름다운 해변이 즐비하다. 이를테면 짜꼬, 도손, 삼손, 꾸아로, 리호아, 투안안, 논느억, 미케, 냐짱(나트

• 영토분쟁 •

중국은 현재 시사군도를 점유하고 있지만 이 지역은 베트남과 대만에서도 영유권을 주장하는 곳이다. 베트남은 남사군도를 놓고도 중국, 말레이시아, 필리핀, 대만, 브루나이와 복잡한 영토 분쟁을 치르고 있다. 2002년 '남중국해 분쟁 당사국 행동선언DOC' 이후 어느 정도 긴장완화가 이루어지긴 했지만 이것은 핵심 사안인 소유권 부분이 빠져 있어서 일부의 기대와 달리 법적 구속력을 갖춘 행동규범이 되지 못했다. 이들 군도 근해에는 석유와 천연가스, 그리고 아마도 엄청난 경제가치를 지닌 몇몇 광물이 풍부하게 매장되어 있다는 점을 주목할 필요가 있다. 이 분쟁의 이면에는 순수한 민족주의라는 차원을 넘어 이같은 명백한 이유가 있다.

랑), 붕따우, 하띠엔, 호이안, 무이네를 들 수 있다. 북부의 할롱만(하롱베이)은 바다 위로 그림처럼 펼쳐진 수많은 노두(지표면에 노출된 암석 또는 암반의 일부 – 옮긴이)로 인해 유네스코 세계자연유산으로 지정되었다.

하롱베이의 독특한 해안선에는 석회암으로 이루어진 크고 작은 섬 약 2,000개가 점점이 이어져 있다.
섬의 정상에는 열대우림이 무성하다.

【기후】

여러 위도를 가로지르는 위아래로 긴 영토로 인해 베트남의
기후는 상당히 다양하다. 북부지역의 평균기온은 23도, 남부
지역은 27도이며 전체적으로 습한 편이다. 북부는 연중 기온차
가 분명한 반면 남부는 기온차가 거의 없다.

　　베트남은 두 가지 몬순(계절풍 기후)의 영향을 받는다. 하나는
주로 북부지역을 중심으로 10월이나 11월에서 다음 해 3월 사

이에 발생하는 건기이며, 다른 하나는 4월이나 5월에서 10월 사이에 산악지역을 제외한 전국에 걸쳐 발생하는 습하고 무더운 우기다. 7월과 8월은 연중 가장 덥고 습한 시기이다.

【 자연환경의 복구 】

베트남 전쟁 당시 벌어진 참상은 끔찍한 대량살상이 전부가 아니었다. 미군의 집중포격과 네이팜 및 화학약품에 의한 숲의 파괴는 산림과 맹그로브 습지, 늪, 그리고 야생동물에까지 심각한 위해를 가했다. 이로 인해 약 2만 km^2의 숲은 물론 맹그로브의 절반 가까이가 파괴되었다. 또한 영토의 상당 부분이 다이옥신에 오염된 황무지로 변해버렸다.

베트남은 그동안 다른 나라에 비해 환경오염에 대한 관심이 크지 않았다. 그러나 산업화가 진행되고 인구증가에 따른 식량 수요를 충족시키기 위해 농업을 강화하는 과정에서 이로 인해 발생하는 제초제와 화학물질, 폐기물도 상당히 증가했다. 그나마 긍정적인 부분은 오래전부터 정부 차원에서 산림 비율을 전쟁 전 수준으로 올리기 위해 총력을 기울였을 뿐 아니라 대규모 재식림 사업 및 맹그로브 심기 프로그램을 실행한 점이다. 다양한 식물과 야생동물 종이 심각하게 파괴되는 것을 막기 위해서다. 덕분에 베트남은 여전히 생물 다양성이 상당히 높은 수준을 유지하는 국가 중 하나다. 베트남에는 총 1만 2,000종의 식물과 7,000종의 동물이 서식하는 것으로 알려져 있으며 이 중에는 희귀 멸종위기종도 다수 포함되어 있다.

간략한 역사

인도와 중국 사이에 위치한 인도차이나반도는 오랜 세월 국제
교역뿐 아니라 동남아시아 주민의 이동에 중요한 역할을 담당
해왔다. '인도차이나'란 단어는 19세기 덴마크의 지리학자 콘
라드 말테 브룬의 책 『세계 지리학 개설Précis de la Géographiee Universelle 』
(1810~1829)에서 처음 등장했다.

인도차이나반도 동쪽에 위치한 베트남은 지정학적 요인으
로 인해 여러 강대국이 연이어 탐내는 대상이 되었다. 먼저 중
국이 11세기 무렵부터 근대가 태동하기 직전까지의 약 1000년
이 넘는 세월 동안 베트남에 대한 지배력을 행사했다. 중국은
국력이 강해질 때마다 이 나라에 대한 주도권을 유지하려 안
간힘을 썼다. 반대로 베트남은 중국의 힘이 약해질 때마다 독
립을 쟁취할 기회를 노렸다.

계속되는 투쟁의 역사 속에 많은 영웅이 탄생하기도 했다.
19세기에 이르러 중국은 이 극동의 왕국을 차지하려는 프랑
스 식민주의자들의 야욕을 막아낼 힘이 없었다. 1954년 프랑
스의 통치가 막을 내리자 이번엔 미국이 베트남의 내정에 잠
시 영향력을 행사하려 했지만, 1975년 베트남이 공산정권하에

통일국가를 이루게 되면서 미국의 시도는 무산되었다.

그렇다면 베트남은 어떻게 탄생하게 되었을까? 신화에 따르면 '거센 바다의 용왕' 락 롱 꾸언과 '높은 산의 영생족' 후예이자 데 라이 왕의 딸인 아름다운 어우 꺼 공주가 부부의 연을 맺는다. 이 신화의 상징은 중요한 의미가 있다. 용은 '양'을, 영생족은 '음'을 상징하기 때문인데, 양과 음은 중국의 우주론적 관점으로 보면 서로 상반되면서도 보완적인 요소다.

용왕과 공주의 결혼으로 100명의 아들이 태어나고 이들이 흩어져 이룩한 왕국의 영토가 오늘날 중국의 중심부인 양쯔강 하류에서부터 인도차이나반도 북부에 이르는 지역까지 확장되었다. 왕국은 번성했지만 바다 용왕과 산지 출신의 공주는 서로의 근본적 차이로 인해 행복한 결혼생활이 불가능하다고 믿고 결국 헤어지기로 결심한다. 이후 자식의 절반은 어머니와 함께 산(곧 중국)으로 돌아갔고 나머지 자식은 아버지를 따라가 동쪽 바다 인근에 나라(곧 베트남)를 세웠다. 기원전 3000년경 이 부부의 큰아들이 락 비엣의 왕위에 오른다. 그는 자신을 홍 브엉 왕이라 칭하고 락 비엣의 이름을 반 랑으로 바꾸었다. 이 왕국은 지금의 북베트남 대부분과 중부 베트남의 북쪽 지역에 해당하는 영토를 점유했다.

전설 이야기는 이쯤에서 그만하고, 과연 베트남 건국의 실체는 무엇일까? 베트남의 첫 국가명인 '반 랑'은 '홍' 혹은 '락'이라는 명칭의 부족이 지어낸 것이다. 이들은 수경 벼농사 기술을 개발하고 현재까지도 소수민족인 므엉족에 의해 사용되는 청동북을 발명했다. 락 부족에 이어 '어우' 혹은 '따이 어우'가 등장하는데, 이들은 중국 남부에 위치한 광시성 출신이다. 두 부족이 연합해 '어우 락'이라는 새로운 왕국을 형성했다. 이어 '비엣'족 혹은 '유에'족이 등장하는데 이들은 기원전 5세기경 고대 중국의 해안지방에서 이주해온 민족이다.

　어원학자와 인류학자들은 비엣족의 기원을 규정하기 위해 '비엣' 혹은 '유에'라는 단어의 만다린어를 부분으로 쪼개었다. 우선 왼쪽 부분은 베트남어로 발음하면 '떠우'가 되는데 이것은 '달리다'라는 뜻이다. 한편 오른쪽 부분은 기다란 창 혹은 투창을 상징한다. 따라서 비엣 부족은 아주 오랜 옛날부터 거주지를 옮겨 다니며 사냥하는 부족, 끝없이 이동하고 원래의 터전을 벗어나 퍼져나가며 활과 화살, 도끼, 투창을 지니고 다닌 부족이었을 확률이 높다. '비엣'이란 단어는 '~너머' 혹은 '저 멀리'라는 의미의 한자를 베트남식으로 발음한 것이다. '남(남쪽)'은 아마도 중국에 남아 있던 비엣 부족과 그곳을 떠나 남쪽으로 향했던 비엣 부족을 구별하기 위해 붙였을지 모른다.

반 랑 왕국은 기원전 1000년 동안 번성했다. 오늘날의 빈 푸 성에 수도를 정한 훙 브엉 왕의 후손인 18명의 왕이 연이어 왕좌에 올랐다. 이 시기, 반 랑 왕국의 북쪽으로는 툭 판 왕이 어우 비엣 왕국을 다스리고 있었다. 그는 자신의 딸과 훙 브엉 왕의 아들을 결혼시키려 했다가 보기 좋게 퇴짜를 맞았다. 그로 인해 두 왕국은 긴 세월 갈등관계에 놓이며 결국 기원전 258년 반 랑 왕국은 무너지게 된다.

【 중국의 지배 】

그로부터 50년 후, 왕국은 다시 야욕에 불타는 중국 장수 찌에우 다가 이끄는 북부 군벌의 손아귀에 넘어갔다. 찌에우 다는 지금의 중국 남부지역 상당 부분을 차지했던 남 비엣 독립 왕국을 건국한 인물이다. 그는 기원전 208년 자신을 왕으로 천명하고 찌에우 왕조를 세웠다. 수도는 현재의 중국 남부 광저우 근처였다.

찌에우 왕조의 통치 아래 남 비엣 왕국은 중국의 영향력이 미치는 주변 영토에 적극적으로 진출하기 시작했다. 남 비엣 왕국은 한나라 황실에 정기적으로 조공을 바치는 대가로 중국으로부터 외침에 대한 보호를 받았다. 하지만 이 시기에 한 나라는 남 비엣 왕국을 차지하기 위해 끊임없이 모략을 일삼았다. 결국 기원전 3년, 한나라 황제 무제는 강력한 군사를 일으켜 이 목적을 달성했다. 남 비엣 왕국은 '자오 찌'라는 새 국명을 가진 중국의 보호국이 되었다. 중국은 상당히 뛰어난 관리들을 파견해 이 나라를 다스렸다. 그러나 중국이 자국의 문학과 예술, 농경기술 등을 전수하려 하자 베트남인들은 저항하기 시작했다. 이들은 민족 정체성을 수호하고 보존하기 위해 맹렬히 싸웠다.

39년 쯩짝, 쯩니 자매가 이끄는 무장봉기가 성공을 거두었다. 그러나 몇 년 후 한나라군의 우월한 전투 지휘체계와 무기에 힘입어 중국의 지배력이 다시 강화되었다. 한나라의 지배는 서기 543년까지 지속되었다. 이 시기 남 비엣 왕국은 중국의 행

10세기 초에 만들어진 문을 지키는 수호신상

· 참 왕 국 ·

참족의 왕국, 즉 참파 왕국은 2세기에서 17세기에 걸쳐 베트남의 남부와 중부 지역에 존재했다. 이 왕국의 문화를 지배한 것은 인도에서 전수된 힌두교였다. 이들은 중국과 전쟁을 치를 때도 있었지만 그보다는 오히려 인접한 안남과의 전투가 더 빈번했다. 12세기, 이들은 캄보디아를 침공해 앙코르와트를 약탈했다. 그러나 그 후 상황이 역전되어 다시 이들이 크메르(캄보디아인)의 지배를 받게 되었다. 1472년 안남과의 전쟁에서 패함으로써 참파 왕국은 다낭 북부에 있던 영토의 대부분을 빼앗겼고 17세기에는 결국 안남의 침략에 의해 뿔뿔이 흩어지고 말았다. 오늘날 베트남에 잔존해 있는 소수의 참 공동체는 여전히 힌두 문화를 고수하며 살고 있다. 그러나 캄보디아에 있는, 이보다 많은 수의 참족은 이슬람교도가 되었다.

정구역 중 하나로 관리되었다. 이곳에서 중국은 남쪽으로 바로 인접한 참파 왕국을 겨냥한 군사작전을 수행하기도 했다.

6세기 후반기 연이어 반란이 일어났으나 중국의 제3차 지배(603~938년)가 확립되면서 그런 시도는 잠잠해졌다. 중국은 자국의 문화와 문명을 남 비엣 왕국에 정착시키기 위해 여러 모로 노력을 기울이는 한편, 이 왕국의 이름을 '안남'으로 개명하기도 했다. 그러나 결국 베트남인들은 이러한 중국의 멍에를 벗어던지고 중국 황제에게 3년에 한 번씩 조공을 바치는 조건으로 다시 평화를 얻었다.

새로이 출현한 레 왕조는 남부를 평정할 시기가 무르익었다고 판단했다. 982년 레 다이 하인은 참파 왕국을 향해 군사정벌을 개시, 먼저 인드라푸라(지금의 꽝 남)로 진입해 참파 왕조의 성채를 불태웠다. 레 왕조가 참파 왕국의 북쪽 영토인 이곳을 정복해 합병함으로써, 참파 왕국은 베트남 문화에 뚜렷한 영향력을 행사하게 되었다. 특히 음악과 무용 분야는 지금까지도 그 흔적이 분명히 남아 있다.

【 위대한 왕조들 】

보다 영예로웠던 시기는 리 왕조(1009~1225년) 시기로, 베트남 역사상 최초의 위대한 민족국가를 이룩했다. 이 왕조의 통치하에 베트남은 '다이(위대한) 비엣'이 되었다. 이 시기 불교가 국교로 번성했으며 유교사상을 지닌 관리들의 지휘 아래 중앙집권식 정부, 조세제도, 사법 체계, 그리고 전문성을 갖춘 군대가 확립되었다. 1070년에는 국립대학이 설립되어 미래의 관리가 될 재목들을 교육했다. 빡빡한 3년간의 교육과정은 유교 고전지식과 더불어 주로 시를 비롯한 문학이 필수교과로 채워져 있었으며, 학위를 받기 위한 졸업시험은 경쟁이 매우 치열했다.

쩐 왕조(1225~1400년)의 가장 위대한 업적은 전쟁을 승리로 이끌어 베트남의 독립을 수호한 것이었다. 특히 왕의 형제 쩐 흥 다오는 쿠빌라이 칸이 이끄는 막강한 몽골군을 상대로 승리를 거두었다. 한편 왕의 여동생 후옌 쩐 공주는 1307년 참파의 왕과 결혼함으로써 자국의 영토를 '후에' 이남으로 넓히는 데 공을 세웠다.

15세기 초, 중국의 명 왕조는 다시 베트남에 대한 지배욕을 드러내며 베트남의 민족 정체성을 파괴하기 위해 안간힘을 썼다. 베트남의 문학, 예술, 역사적 산물은 불에 타거나 중국에 빼앗겼고 모든 학교에서는 중국 고전이 그 빈자리를 대신했다. 베트남 여성은 중국식 의복과 머리 모양을 강요당했고, 각 지역의 종교의식과 의상도 중국식으로 바뀌거나 아예 사라져버렸다. 중국은 개인이 소장한 귀중품까지도 몰수해 본국으로 가져갔다. 그러나 얼마 뒤 새로운 민족영웅 레 러이가 등장했다. 그는 자신의 마을에서 저항운동 세력을 조직한 다음 중국에 맞서 게릴라전을 펼쳤다. 그는 적의 약점을 노려 기습공격을 감행했는데, 이것은 1960년대 베트남 전쟁 당시 미군으로 하여금 치를 떨게 만든 바로 그 전술이기도 하다. 레 러이는 이 전술을 사용해 적을 약화시키는 한편, 상대적으로 우세한 중국군과의 정면대결은 피해 갔다. 1428년 그는 레 왕조를 세웠고 이 왕조는 18세기 초까지 지속했다. 그러나 왕조 후기에 이르러 조정에 만연한 부패를 비난하는 반란과 내란이 빈번히 일어났다.

1788년, 중국은 베트남 재정복을 위한 마지막 시도를 감행했으나 응우옌 후에(1883년까지 지속한 응우옌 왕조를 세운 인물)가 이끄는 군대에 패하고 만다. 사실 베트남이라는 현재의 국명이 탄생한 것은 이 사건과 연관이 있다. 당시 잘롱 황제는 국명을 남 비엣으로 바꾸고 싶어 했다. 1802년 그는 중국의 허락을 받기 위해 레 꾸언 딘을 특사로 파견했다. 레 꾸언 딘은 북경으로 가 청나라 황제에게 이렇게 말했다.

"응우옌 왕가의 새 왕께서는 이전의 쩐 왕조와 레 왕조가 이루지 못한 과업이 있음을 깨달았습니다. 그것은 바로 유서 깊은 안남의 영토와 비엣 트엉의 새 영토를 통일하지 못한 것입니다. 이에 저희는 '안남'이라는 고대의 이름을 '남 비엣'으로 바꾸도록 허락해주시기를 청합니다."

그러나 중국의 황제는 '남 비엣'이란 이름은 중국의 광동과 광시성을 영토로 했던 찌에우 다의 고대 왕국 남 비엣 덩을 떠올리게 한다고 보았다. 뿐만 아니라 이 국명은 오해의 여지가 있으며 심지어 중국 영토에 대한 베트남의 야심을 숨기는 것일지도 모른다고 판단했다. 이 문제를 해결하기 위한 간단한 방편으로 '남 비엣'의 순서를 바꿔 '비엣 남(베트남)'으로 하게 되었다.

이후 비엣 남 왕국은 수도를 '후에'로 정하고, 중국의 변방에서부터 영토를 확장해 남쪽의 까마우 반도까지 뻗어나갔으며 인접국인 라오스와 캄보디아를 속국으로 두었다.

【 프랑스의 식민통치 】

16세기에 프랑스의 가톨릭 선교사들이 인도차이나를 찾아오기 시작했다. 그러나 프랑스가 인도차이나반도에 대한 야욕을 본격적으로 드러낸 것은 유럽 열강이 경쟁적으로 전 세계에 식민지를 건설하던 19세기에 이르러서였다. 1860년대에 프랑스는 코친차이나(베트남 남부 메콩 삼각주를 중심으로 한 지역-옮긴이)를 식민지화하고 캄보디아를 보호국으로 만들었다. 이어 1884년에는 안남과 통킹까지 보호국에 포함시켰다. 3년 후

이들 4개 지역은 하노이에 총독부를 둔 인도차이나 연방이 되었고, 1893년에는 라오스까지 연방에 귀속되었다.

프랑스는 이후 50년 이상 이 지역의 경제를, 자국의 이익에 중점을 둔 전통적 식민통치 방식에 맞춰 발전시켰다. 즉 수출에 역점을 두되 수입에 관한 한 전속시장(선택의 여지 없이 특정 상품을 살 수밖에 없는 시장구조-옮긴이)의 형태를 유지시켰다. 한편 이들은 베트남의 주요 도시마다 프랑스식 건축물을 남겼고, 불어를 구사하는 지식층을 만들어냈으며, 전국적으로 가톨릭 신자가 급증하는 결과를 낳기도 했다.

제2차 세계대전 당시인 1940년, 힘을 잃은 프랑스 식민정부는 일본에 베트남 북부지역(1940년)과 남부지역(1941년)을 연이어 넘겨줄 수밖에 없었다. 1945년 일본이 패전국이 되자 프랑스는 다시 통치권을 행사하기 위해 베트남에 진입했으나 뜻밖에도 베트민의 저항에 부딪혔다. 베트민은 추방당한 호찌민이 일으킨 정치·군사 세력으로 중국 남부에 본부를

두고 공산주의와 민족주의 세력을 규합해 베트남의 통일을 위해 싸웠다. 베트민은 초기엔 프랑스군에 대항하기에는 역부족이었으나 게릴라 전술을 발전시킨 결과 수년간 맹렬한 전투를 벌였고, 1954년 전쟁이 끝나기 전까지 프랑스를 경제적·정치적으로 완전히 고갈시켰다. 이것이 바로 제1차 인도차이나 전쟁이다.

【 베트남 전쟁: 제2차 인도차이나 전쟁 】

평화를 향한 베트남 국민의 실낱같은 희망은 오래지 않아 좌절되고 말았다. 북쪽에서 탈출한 상당수 가톨릭 피난민의 지지 속에 남베트남의 사이공(지금의 호찌민시)에 반공산주의 정부가 출현한 것이다. 당시 미국은 한반도에서 중공군과의 전투를 끝내고 막 휴전에 돌입한 상태였다. 공산주의의 확산을 우려한 그들은 베트남에 출현한 반공 정부를 지지하고 나섰다. 결국 베트남은 북위 17도선을 비무장지대로 하여 남과 북으로 분단되었다.

북측이 남베트남에서 게릴라전을 벌임으로써 온전한 정부를 수립하려는 모든 시도가 물거품이 되었고 지원국으로서의 미국의 역할이 커지는 결과를 초래했다. 미국은 초기에는 단

베트콩 투사처럼 무기를 들고 미국에 맞서 싸울 것을 촉구하는 내용의 북베트남 전쟁 홍보 포스터

순히 남베트남군에 군사적 자문을 하는 정도였으나, 1965년 이후부터는 공공연히 직접적인 군사개입에 나섰다. 한동안 미국은 터널과도 같은 이 기나긴 전쟁을 조만간 종식시킬 수 있을 거라 공언하기도 했다. 그러나 1968년 베트남 공산당(베트콩)이 '구정 대공세'를 통해 남부 전역에 걸쳐 대대적인 공습을 감행하면서, 미국의 호언장담은 상당 부분 설득력을 잃었다. 베트콩은 비록 전투에서는 패했으나 미국 내 여론이 반전으로 돌아섬에 따라 정치적으로는 유리한 입장에 놓이게 되었다. 마침내 1972년을 기점으로 모든 미군이 베트남에서 철수했으

• 롱탄 대전투 •

사실 내가 이 매혹적인 나라에 첫발을 내딛은 것은 베트남 전쟁 당시다. 나는 1966~1967년, 사이공 동부지역을 수호하기 위해 호주에서 파병된 2개 대대와 함께 종군기자 신분으로 베트남을 찾았다. 당시 호주의 보병부대는 가공할 전투력을 유감없이 보여주었다. 나는 1966년 롱 탄 전투 현장에서 그들의 위력을 직접 목격할 수 있었다. 110명 정도의 부대원들은 누이 닷의 정글 본부에서 수 킬로미터 떨어진, 한때 고무 농장이었던 지역을 정찰하던 도중 적의 공격을 받게 되었다. 그런데 이들은 자신들보다 규모가 무려 20배가 넘는 공산군의 공격을 몇 시간이나 버텨냈다. 북베트남 측에서 자신들의 기지를 점령하려는 것으로 생각했기 때문이다. 2019년, 당시 전투 상황을 묘사한 영화 〈댄저 클로즈: 롱탄 대전투〉가 개봉되었다.

며, 이로부터 3년 후 미국이 떠난 남베트남은 북측의 침공을 받아 결국 공산정권하에 다시 통일국가를 이루게 되었다.

【 전후 상황 】

수십 년에 걸친 프랑스의 식민 착취에 이어 또다시 미국과 벌인 수십 년의 전쟁으로 황폐화된 베트남은 전쟁 이후 다년간에 걸쳐 인고의 세월을 견뎌야 했다. 식민통치 기간 프랑스는 대규모 고무, 커피, 사탕수수 농장을 세워 수출시장을 독점하려 했다. 그러나 이 농장들은 전쟁을 겪는 동안 모두 파괴되었다. 게다가 오랜 기간 프랑스에서 들여오는 수입품에만 의존해온 까닭에 베트남의 국내산업은 전혀 발전하지 못한 상태였다. 또한 일본 점령기 동안 베트남은 식량과 현금, 기타 자원을 일본의 전쟁물자 조달을 위해 제공해야 했다. 오랜 전쟁으로 메콩 삼각주를 비롯한 비옥한 벼농사 지역은 모두 황폐화되어 베트남은 결국 식량조달을 위해 쌀을 수입할 수밖에 없었다. 설상가상으로 연이어 두 세대에 걸쳐 상당수 인구가 전장에서

· 전쟁의 혹독한 대가 ·

베트남 전쟁으로 양측 모두를 합하면 거의 100만 명의 군인과 150만 명의 민간인이 목숨을 잃었다. 남부는 촌락의 60%가 파괴되었고 북부 역시 모든 주요 도시와 도로, 철도, 다리, 항구, 산업시설이 계속해서 폭격을 당했다. 이 과정에서 약 1,500만 명이 집을 잃었다.

목숨을 잃는 상황이 벌어지면서 국가 재건에 필요한 인력자원은 씨가 말라버렸다.

상당수 남베트남 주민에게 전쟁의 종식이란 오직 하나, 바로 해외 도피뿐이었다. 수십만 명의 주민이 베트남을 떠나 호주나 미국, 서유럽에 새로운 공동체를 이루었다. 이후로도 수년간 새 정권의 혹독함을 이기지 못한 많은 주민들이 탈출행렬에 동참했고 '보트피플'의 비극이 전 세계 언론의 헤드라인을 장식하는 일이 심심찮게 벌어졌다. 베트남에 남은 사람들 중에 특히 사이공 정부와 군사적 혹은 정치적으로 연관이 있던 이들은 변방의 교화시설로 보내져 농토 재건을 위한 노역에 강제 동원되고 마르크스주의 정치사상의 교화대상이 되었다.

1979년에는 더 큰 시련이 이어졌다. 공산 베트남이 캄보디아를 침공한 것이다. 캄보디아가 악명 높은 크메르루주의 통치 하에 베트남 소수민족에게 폭정을 일삼은 것에 대한 보복 조치였다. 이어 캄보디아를 지원한 것에 대한 보복으로 다시 중국과의 짧은 전쟁까지 치르게 되었다.

베트남은 경제적으로는 사회주의 모델을 도입했으나 이것이 오히려 상황을 악화시켰다. 결국 중국이나 구소련, 동유럽의 공산국가들과 마찬가지로 베트남은 1990년대에 들어서 중앙계획경제를 포기하고 시장중심 체제로 돌아섰다(8장 참조). 2001년 이래 베트남 당국은 경제자유화에 전력을 기울여왔고 구조개혁을 통해 경제선진화에 주력하는 동시에 경쟁력 있고 수출주도적인 산업을 육성해왔다. 그 결과 베트남은 일부 괄목할 만한 성과를 거두었고 최근 수십 년 동안 세계에서 가장 빠른 경제 성장을 이룬 국가 가운데 하나가 되었다.

정치 체계

중국과 마찬가지로 베트남 역시 정치구조의 조정 속도보다 경제개혁의 속도가 훨씬 빨랐다. 현재까지도 베트남 공산당[CPV]은 정치적으로 허용되는 유일한 정당이며 민주적 중앙집권주의 원칙을 따른다. 단원제 국회인 '호이'는 5년마다 선거를 통해 의원을 선출한다. 2016년에는 공산당이 484개 의석 가운데 96%를 차지했으며, 나머지 4%는 당원은 아니나 공산당의 승인을 받은 후보들에게 돌아갔다.

베트남 사회주의 공화국 헌법 4조는 이렇게 명시하고 있다. "베트남 공산당은 베트남 노동자 계층의 선봉대이자 노동자,

고통당하는 인민, 그리고 국가 전체의 권리와 이익을 충실히 대변하며 마르크스-레닌주의와 호찌민 사상에 따라 국가와 사회를 선도하는 유일한 힘이다."

CPV는 베트남 민족주의의 역사적 사명을 전면에 내세우며 그들만이 나라를 승리로 이끌고 민족 독립을 쟁취한 유일한 세력이라는 논리로 정당성을 주장한다. 1945년 CPV는 8월 혁명을 통해 베트남 민주공화국 임시정부를 설립했다. 프랑스가 재집권을 시도하지 못하도록 선수를 친 격이었다. 1954년 공산군이 전쟁에서 승리를 거둠으로써 베트남 북부가 그들의 손에 넘어갔고, 이어 남베트남마저 '해방'되어 1970년대에는 민족 재통일을 이루었다. CPV는 통일 이후, 이제 경제부문에서 승리를 쟁취하자는 기치 아래 1980년대에는 도이머이(개혁) 정책을 도입했다. 역시 이 부분에서도 중국 공산당과 상당한 유사점을 발견할 수 있다.

미국 의회도서관에 비치된 CIA 문서에 이런 내용이 있다. "CPV는 과거의 신화와 역사적 사실을 현재로 끌어와 이것이 마치 자연스럽게 연결되는 듯한 암시를 준다. 호찌민의 글을 보면 그는 베트남의 전통적인 문학적 암시기법을 사용해 과거에 대해 일종의 신비감을 자아낸다. 그는 자신을 베트남의 전통적 리더의 이미지로 그려냈다. 다시 말해 자신을 위신과 자비, 금욕주의 그리고 올바른 몸가짐이 결합된, 카리스마 넘치는 인물로 연출함으로써 그가 권좌에 오를 자격이 있는 지도자라는 점을 입증하려 했다. 아울러 CPV는 고고학, 대중문학, 문화재의 중요성을 부각시키며 이것이 베트남의 고전 전통과 연결되어 있다고 강조한다."

그러나 CPV의 실책 또한 엄연히 존재한다. 1950년대, 농업 집단화 정책을 도입하려던 이들의 시도는 이미 수십 년간 프랑스의 손아귀에서 고통을 겪은 농민의 저항에 부딪혀 결국 실패로 돌아갔다. 1970년대에 남베트남을 공산주의 사상으로 교화하려던 계획 역시 고전을 면치 못했다. 이데올로기 자체에 너무 고취된 나머지 주민들의 경제적·사회적 저항이 어느 정도일지에 대해 충분히 예상하지 못했기 때문이다. 북측의 관리들을 남측에 파견하려던 시도는 단지 남쪽 주민들의 해묵은 분노를 악화시킬 뿐이었다. 결국 이런 저항을 해소할 유일한 방법은 이데올로기적 순수성보다는 민족주의를 강조하는 실용주의 노선을 선택하는 것이었다. 자유경쟁을 통한 시장경제의 필요성이 대두되었으나 그럴수록 기존 구조의 약점이 드러날 수밖에 없었고, 이로 인해 점차 행정과 사법 체계의 개혁이 뒤따라오게 되었다.

CPV는 배후로 물러나 있는 상태에서 주로 '조국전선'을 통해 일한다. 조국전선은 "민족 단합의 전통을 증진시키고 인민의 정치적·정신적 일체성을 강화하며, 인민의 힘을 형성하고 공고히 하는 데 기여하며, 국가와 힘을 합쳐 인민의 정당한 이익을 보호하며, (중략) 국가기관과 인민 대표, 간부단, 국가 공무원의 활동을 감시한다."

베트남의 모든 노동자는 국영 노동조합에 소속되어 있다. 노동조합은 노동자의 권익을 수호하는 전통적 역할뿐 아니라 국가주의 교육을 담당한다. 이 밖에도 여성연합, 청년연합, 참전용사연합, 다양한 직업연합 등 여러 사회단체가 존재한다. 이들 모두는 정부와 노동당의 정책을 베트남 사회 곳곳에 소개하는 중요한 역할을 담당한다.

언론의 자유와 기타 이슈

우연한 기회에 베트남을 방문하게 된 사람이라면 절대 이 나라의 인권 문제에 개입하면 안 된다는 조언을 들어보았을 것이다. 뉴욕에 본부를 둔 국제인권감시단의 〈2005년 세계인권 동향 보고서^{World Report}〉에 따르면 베트남 정부는 공산당에 대한 그 어떤 사소한 공개적 비난도 용납하지 않으며 정치적 다원주의, 민주주의, 언론의 자유 등을 요구하는 성명서도 허용하지 않는다.

정부는 허가받지 않은 모든 종교활동, 특히 대규모 추종세력을 거느릴 가능성이 있는 활동은 체제 전복 위험이 있는 불온한 행위로 간주한다. 2004년 11월 이후 '신앙과 종교에 관한 신규 조례'가 시행되었다. 이것은 종교의 자유라는 기본원칙은 고수하지만 종교에 대한 정부의 통제력을 강화하는 한편 국가 안위와 공공질서, 국민적 단합을 위협한다고 생각되는 종교행위를 금지시킬 수 있는 규정이다.

지난 몇 년간 일부 반체제 인사와 민주주의 활동가가 정부를 비판하고 다당제로의 개혁을 요구하다가 체포되어 첩보행위 내지는 국가 안전을 위협한 혐의로 형사재판에 넘겨졌다. 베트남에서는 국가 안전에 위협이 된다는 혐의만 있으면 사법부의 사전승인 없이도 언제든 행정구금을 할 수 있는 법이 여전히 유효하다.

서방세계에서라면 이런 현실은 분명 비난받아 마땅한 일이다. 그러나 이 문제는 베트남 국민의 관점에서 바라볼 필요도 있다. 오랜 전쟁을 치르며 통일국가를 이룩하기까지 쉽지 않은 여정을 지나온 이들에게 국가 안전이란 문제는 무엇보다 민감한 부분이기 때문이다. 이제 마르크스주의 사상에 깊이 박힌 전쟁세대는 대부분 사라지고 없지만, 2세대 정치인들은 여전히 예전의 사고방식을 고수하는 측면이 강해서 새로운 사고를 수용하는 데 매우 조심스럽다.

그럼에도 불구하고 베트남은 과거에 비하면 꽤 개방적인 사회가 되었다. 외국인 투자자와 관광객에게 문호를 개방하고 ASEAN(동남아시아국가연합)과 APEC(아시아태평양경제협력기구) 같은 아시아지역 경제단체의 회원국이 되면서 이런 개방화는 피할 수 없는 현실이 되었다.

민족 구성

베트남 인구의 85~90%는 순수 베트남인(비엣족)이다. 그 나머지는 화교와 허몽족, 므엉족, 타이족, 메오족, 크메르족, 롤로족, 만족, 참족, 그리고 국경 인근의 산지 부족을 비롯해 다양한 소수민족으로 이루어졌다. 베트남어가 공식 언어지만 불어, 중국어, 영어, 크메르어, 그리고 부족별 방언(몬-크메르 어군과 말레이-폴리네시아 어군)이 사용된다.

산지 부족은 타이족, 므엉족, 만족, 롤로족, 메오족으로 이들은 인도네시아인과 호주 원주민, 멜라네시아의 흑인 부족인 판판족, 그리고 태평양섬 부족 등의 혈통이 혼합된 것으로 알려졌다. 베트남 북부에 약 200만 명, 남부에 100만 명 정도가 흩어져 산다.

베트남 북부의 허몽족 여성과 어린이

100만 명으로 추산되는 화교의 대다수는 베트남 현지에서 태어났으면서도 자신들을 '중국인'으로 인식한다. 때문에 1950년대 남베트남 정부가 강제동화정책을 폈을 때 중국인들은 강하게 저항했고 그 후로도 불편한 관계가 지속되었다. 전통적으로 중국인은 베트남에서 상당한 경제적 성공을 이루어왔기 때문에 이 또한 베트남인과 중국인 사이에 편견이 사라지지 않는 이유로 작용했다. 호찌민시 화교들은 오늘날에도 촐론(베트남어로 '큰 시장'이란 뜻으로 현재는 차이나타운 지역을 뜻한다) 지구에 그들만의 거주지를 형성하고 있다.

해외에서 돌아온 베트남인들의 역할

베트남 전쟁 도중 혹은 전쟁이 끝나고 다양한 시기에 고국을 떠나 미국, 호주, 유럽에 새로운 삶의 터전을 일구었던 이들 중 일부는 정치적으로 긴장이 완화된 상황 속에서, 특히 사업체를 설립하기 위해 고국을 다시 찾았다. '비엣 끼에우'라 불리는 이들은 한때 배신자로 매도당하기도 했지만 지금은 베트남의 소중한 자원으로서 심지어 애국자 대접을 받는다. 외자 유치 능력은 물론 서구 선진국의 비즈니스와 기술 전문성에 대한 접근성을 지니고 있기 때문이다. 베트남 정부는 이들에게 세금 특혜를 제공하고 비자 발급 조건을 완화시켜주는가 하면 심지어 저금리 대출까지 제공하며 호의를 베풀고 있다. 그런데 2003년 이후 세간의 관심을 집중시킨 몇몇 세금 탈루 재판을 비롯해 이들과 관련해 공식적으로 혐의가 드러난 사건들이 심심찮게 터졌다.

베트남 정부가 처음 외부세계에 문호를 개방하기 시작한 1987년부터 2003년까지, 15만 명 이상의 비엣 끼에우가 다국적기업이나 NGO 소속으로 혹은 사업상의 이유로 고국을 찾았다. 호찌민시만 해도 비엣 끼에우 소유로 등록된 사업체가 무려 700개 이상이다. 사실 비엣 끼에우는 베트남 경제에 상당한 기여를 하고 있다. 해외 거주 베트남인들이 베트남 본국으로 보내오는 송금액은 GDP의 7%에 해당하는 약 138억 달러에 달한다.

그동안 정부 차원에서는 이들을 상당히 환영하는 분위기였지만 모든 베트남 국민이 그런 것은 아니다. 일부에선 이들을 나라가 힘든 시기에 달아났다가 상황이 좋아지자 돌아와 자신의 부를 과시하는 떠돌이 한탕주의자로 보기도 한다. 때문에

과거 사이공으로 불렸던 호찌민 시는 900만 명 이상이 거주하는 베트남에서 가장 인구가 많은 도시다.

비엣 끼에우 사업가 중 일부는 현지 사업가들의 적대적 태도를 경험하기도 한다. 물론 실제로 비난받을 만한 일을 하는 경우도 있다. 이를테면 해외에서 성공을 거두었으니 고국의 사업가들에게 자신의 경영 노하우를 한 수 가르쳐줄 자격이 있다는 식의 거만함과 안이한 태도를 보이는 경우다.

그러나 시간이 흐르면서 이렇듯 모난 부분들이 다듬어지고 있다. 게다가 비엣 끼에우가 베트남 경제성장에 중요한 역할을 하고 있다는 사실에 대해서는 이견이 없다. 2015년에 개정된

주택 부동산 법에 따라 해외 귀환자에게 부동산 소유 및 관리에 관한 권리가 더 많이 부여되었으며, 이로써 장차 이들의 베트남 사회 통합을 수월하게 하는 분위기가 조성되었다.

세계 속의 베트남

오늘날 베트남은 세계에서 가장 역동적인 경제성장을 보

여주는 국가 중 하나이며 최고의 신흥시장이자 투자처다. 2011~2013년 연평균 GDP 성장률은 5.5~6%를 기록했다. 2019년 GDP는 연간 7.0%의 탄탄한 성장률을 기록했으며, 1인당 국민소득은 2,740달러를 기록했다. 현재 베트남은 쌀과 커피를 비롯한 많은 상품을 수출하는 주요 수출국이다. 또한 자연환경과 사회환경 측면에서 많은 장점을 보유하고 있어, 지난 25년간 2,400억 달러를 능가하는 해외직접투자를 유치했다.

현재 베트남은 172개국과 국교를 맺고 있으며 220개국과 무역 및 투자 교류를 하고 있다. 국제협력을 기조로 하는 외교정책에 따라 베트남은 UN, APEC, ASEM, ASEAN 등의 지역기구와 포럼에 적극적으로 참여하고 있으며, 최근에는 유엔인권위원회 이사국으로 선정되기도 했다. 베트남은 오랜 염원이었던 UN 평화유지군 활동에 2014년부터 참여함으로써 세계평화와 안정에 기여하겠다는 바람과 약속을 실천하고 있다.

02

가치관과
사고방식

오늘날 베트남을 찾는 방문자의 눈에 비친 이 나라 사람들은 스스로를 특별한 민족으로 여기는, 자부심 강하고 독립적이며 행복한 국민이다. 그들은 '다윗과 골리앗' 전설을 자랑삼아 말하길 좋아한다. 1000년 이상 강대국인 중국을 상대로, 그리고 이어 프랑스와 미국을 상대로 용감하게 맞선 그들의 모습을 이보다 더 잘 표현할 방법이 있을까?

유교의 역할

베트남인들은 가족을 중심에 두고 거기에서 확장된 인간관계를 매우 중요하게 생각하는 민족이다. 또한 공적인 일을 처리할 경우에도 가문의 명예와 체면을 지키는 차원에서 항상 겸손과 예의를 갖춘다. 최근 들어 서구식 사고방식이 번지고는 있지만 아직까지는 중국의 영향력이 압도적이라 할 수 있다. 아무래도 지배 기간이 길었거나 중국이 종주국으로서의 위상을 유지했기 때문일 것이다. 베트남인들은 중국이 전수한 태도와 가치 체계를 전통정신으로 수용하여 영예롭게 지켜나갔다. 그 내용은 위계질서와 규율에 대한 존중, 학문 숭상, 예의범절, 진실함, 용기, 인내(이 중 용기와 인내는 긴 전쟁을 통해 확실히 입증된 셈이다) 등 유교적 가치관이 주를 이룬다. 하지만 이와 균형을 이루는 자비, 융통성, 평등 같은 불교적 가치관 역시 오늘날 베트남 사회에서 중요한 역할을 하고 있다.

19세기 말까지도 거의 모든 베트남인이 촌락에 모여 살았고 습식 벼농사가 주된 경제활동이었다. 비록 지금은 핵가족이 농촌사회의 기본 구성요소로 자리 잡은 상황이지만, 중국과 마찬가지로 확대가족 관계 또한 중요했으며 한 지붕 아래

모여 사는 일도 비교적 흔했다. 한편 조상 혼령의 평안과 후손에 대한 그들의 영적 보살핌을 위해 조상신을 섬기는 다양한 종교의식이 발전했다. 유교 사상은 부모에 대한 효와 순종을 요구하여 부모는 자식의 결혼 상대까지도 선택할 수 있었다. 여성은 남성보다 사회적 지위가 낮았고 결혼 후엔 남편에게 순종해야 했다. 하지만 여성이 부통령이나 국회부의장 같은 정부 고위직을 차지하는 등 근래에는 여성의 사회적 지위가 어느 정도 개선되었다.

서구의 영향

프랑스 식민통치 기간에 서구식 가치관과 행동양식이 도입되었으나, 이는 도시지역이나 교육받은 부유한 엘리트층에게나 해당되는 일이었다. 이들은 프랑스 학교에 다니며 서구식 의복을 입었다. 그러나 외딴 시골지역에서는 여전히 옛 방식을 고수했다. 1954년 분단 이후 남베트남에서는 서구식 가치를 따르려는 움직임이 지속되었다. 많은 젊은이들이 서구 젊은이들의 방식을 모방했다. 그러나 북베트남의 사회윤리는 상당히 청교도적인 생활방식을 요구했고, 전형적인 서구식 퇴폐문화를 거부하는 공산주의 원칙의 지배를 받았다. 북베트남에서 유일하게 허용된 의미 있는 사회적 진보는 양성평등이었다. 도시 여성은 최소한 유교적 속박에서 벗어나 과거 남성의 전유물로 여겨지던 직업세계에 진출할 수 있었다. 그러나 농촌지역에서는 이 부분에서조차 거의 변화가 없었다.

베트남 전쟁 당시, 북베트남에서는 영양실조와 가난이 만연했지만 부패를 찾아보기 어려웠고 마약이나 매춘, 범죄 등의 사회문제도 드물었다. 그러나 현대화가 진행되는 과정에서 통일 베트남 전역에 걸쳐 다양한 사회적 병폐가 모습을 드러냈다. 시중에 유통되는 현금의 양이 증가하는 만큼 부정부패도 심해졌다. 부패문제를 해결하기 위한 여러 조치가 취해졌으나 여전히 발전의 발목을 잡고 있다. 엄중한 마약퇴치법이 시행되고 있음에도 마약중독과 알코올중독은 심각한 문제가 되고 있으며, 도시 지역을 중심으로 매춘도 성행한다. 에이즈 발병이 2005년~2010년에 정점을 찍은 후, 현재는 많이 감소하는 추세다.

민족 정체성

베트남이 강한 민족 정체성을 지니게 된 것은 무엇보다 지난 2000여 년간 거듭된 외침과 민족말살 시도에 맞서 자신들의 정체성을 지켜온 데 기인한다. 여기에 인구의 대다수가 유구한 역사를 공유한 단일민족이라는 사실도 한몫을 한다. 물론 참, 캄보디아, 그리고 제한적이긴 하나 중국 혈통과의 결혼을 통해 부분적으로 외래요소를 흡수한 것도 사실이다.

오늘날 베트남을 찾는 방문자의 눈에 비친 이 나라 사람들은 스스로를 특별한 민족으로 여기는, 자부심 강하고 독립적이며 행복한 국민이다. 그들은 외국인을 보면 '다윗과 골리앗' 전설을 자랑삼아 말하길 좋아한다. 사실 1000년 이상 강대국인 중국을 상대로 그리고 이어 프랑스와 미국을 상대로 용감하게 맞선 그들의 모습을 이보다 더 잘 표현할 방법이 있을까?

일부 베트남 전문가들이 들으면 선뜻 납득하기 어려울지 모르겠지만 사람들은 이 나라가 '남동생 신드롬'을 가진 것 같다고 말한다. 다시 말해 북방에 자신보다 훨씬 크고 강한 인접국(중국)을 둔 상황에서, 베트남으로선 그것이 긍정적이든 부정적이든 간에 일단 관심을 끌 만한 온갖 행동을 시도하며 자신

· 과거사 거론 문제 ·

베트남인은 원한을 품은 채 살아가거나 그들의 아픈 과거를 문제 삼는 것조차 원치 않는 것처럼 보인다. 이것은 내가 1990년대 중반 베트남을 다시 찾았을 때 직접 경험한 사실이다. 그들은 당시 내게 베트남 방문이 처음이냐고 계속해서 물었다. 나는 살짝 회한의 미소를 지으며 1960년대에 남베트남에 있었노라 답했다. 그럼 상대는 으레 미소로 화답하며 진지한 표정으로 이런 질문을 던졌다. "지금의 베트남은 어떤 것 같아요? 그때와 비교해 많이 달라졌다고 생각해요?" 전쟁에 관한 언급을 애써 피하는 나는 "전쟁 이야기는 금물"이라는 유명한 대사가 떠올랐다. 이것은 영국의 희극배우 존 클리즈가 시트콤 <폴티 타워즈(Fawlty Towers)>에서 독일인 방문객들을 맞이하기 전에 했던 대사다 (결국 대화 도중 전쟁 이야기가 튀어나오고 말지만).

나는 베트남인이 과거사에 대해 보여주는 이러한 관용의 미덕을 여실히 체험한 적이 있다. 호찌민시에서 어떤 고위 공무원을 만났을 때 내가 1960년대에 그가 지금 근무하는 사무실 바로 옆 호텔에 묵었노라 말하자, 그는 수수께끼 같은 미소를 지으며 별다른 언급이 없었다. 나는 나중에야 베트남 전쟁 당시 그가 베트콩의 사보타주 부대(적의 사용을 막기 위해 장비나 운송시설, 기계 등을 고의로 파괴하는 임무를 담당한 부대-옮긴이)를 이끌었다는 사실을 알게 되었다. 그는 당시 내가 묵었던 호텔에 폭탄을 설치해 바닥의 상당 부분을 파손한 장본인이었고, 나는 사고가 일어나기 바로 전 그 호텔을 나왔던 거였다.

의 강인함을 드러낼 수밖에 없었을 거라는 관점이다. 마치 전 세계의 모든 둘째 아들의 모습이 그러하듯 말이다.

그러나 베트남은 그들 스스로가 '아메리칸 전쟁'이라고 부르는 베트남 전쟁에서는 정작 그들의 숙적인 중국보다 월등한 회복력을 보였다. 이러한 회복력의 밑바탕에는 '과거의 실패에 얽매여 있어봐야 국가발전에 전혀 도움이 되지 않는다'는 믿음이 깔려 있다. 여기에다 그들이 이 '민족 해방 전쟁'에서 결국 승자가 되었다는 사실도 아마 베트남 국민의 놀라운 회복력에 한몫을 했을 것이다.

가족의 역할 변화

그동안 많은 저자들이 시간이 흘러도 변함이 없는 베트남과 그들 민족 고유의 자질, 그리고 가족과 충직함이라는 전통 가치의 위력에 대해 언급한 바 있다. 베트남은 숱한 외침과 전쟁, 학살, 혁명, 공산주의와 자본주의를 모두 겪어냈다. 이것은 마치 호찌민시의 교통상황과 비슷하다. 그곳엔 온갖 종류의 차량이 뒤죽박죽 섞여 있지만 어찌 된 영문인지 교통 흐름은 막

힘없이 유지된다. 나름의 분석을 통해 내가 내린 결론은 베트남을 지탱하는 중심은 역시 가족을 중심으로 한 지역 공동체라는 사실이다.

전통적으로 베트남 남성의 주요 덕목은 힘과 바른 행동거지, 그리고 생활능력이었다. 이에 반해 여성은 남성이나 집안 연장자에게 공손하게 처신하며 결혼 후엔 시댁이나 그 친족과 잘 지내고 모든 집안일을 문제없이 수행하는 것이 중요했다. 가족 중심의 집단적이고 책임 분담의 환경 속에서 각 개인은 늘 집안의 자랑거리가 되기 위해 노력해야 했다.

1960년대 북베트남은 농업 집단화와 산업화 과정을 거치면서 농촌과 도시를 가리지 않고 가정의 생활방식에 많은 변화가 일어났다. 한편 남베트남에서는 전쟁이 고조되면서 많은 농부들이 조상 대대로 살던 땅을 떠나 피난민이 되었고 수많은 가족들이 뿔뿔이 흩어져야 했다. 전쟁 직후 고통스러운 재적응의 와중에 특히 '재교육'을 받는다는 명분하에 수많은 남부 남성이 사라짐으로써 정상적인 가정생활을 회복하기란 거의 불가능했다. 1980년대 들어 주로 도시를 중심으로 펼쳐진 도이머이 정책은 파격적인 변화의 바람을 불러일으켰다. 그 후 베트남에는 민간기업의 설립을 격려하고 조장하는 분위기가 형성되었다. 특히 남부의 도시를 중심으로 대규모 합작투자가 이루어지면서 베트남은 점차 글로벌 경제로 편입되었고 남녀를 불문하고 고등교육을 받은 인재에 대한 수요가 증가했다.

【 세대 변화 】

베트남에서 계층이동에 대한 열망이 번지고 있다. 이는 가족적 연대의식에 따라 사회적 위치를 유지하는 것이 가족 구성원으로서의 주된 목표였던 과거와는 사뭇 다른 양상이다. 이제 개인의 성공은 출신 집안보다는 개인의 능력에 달린 문제가 되었다. 따라서 새로운 사회적 가치가 가족 내부와 친족 관계에 심오한 영향을 미치게 되었고, 이로 인해 세대 간 갈등도 깊어졌다.

거리에 나가보면 세대 차이를 쉽게 확인할 수 있다. 나이가 지긋한 베트남 여성은 주로 헐렁한 바지에 실크나 면 혹은 마로 된 블라우스를 입고 다닌다. 또 이들 중 상당수는 오랜 세월에 걸쳐 베트남의 상징이 된 야자나무 잎으로 만든 삿갓 모양의 전통 모자(논)를 착용한다. 이와 대조적으로 젊은 여성은 골반에 걸치는 청바지나 홀터 톱(앞 몸판에서 이어진 끈이나 밴드를 목뒤로 묶어 입는 상의-옮긴이)은 짧은 반바지나 스커트, 시스루(속이 훤히 비치는) 블라우스를 입고 다니며, 문신이나 배꼽 피어싱을 한 경우도 볼 수 있다. 사무직에 종사하는 남녀는 보수적인 스타일의 서구식 정장을 입는 경우가 많다.

젊은 세대는 개방적이고 외부세계에 관심이 많으며 새로운 지식에 목말라한다. 이들은 패션에서 음악이나 영화에 이르기

까지 온통 미국의 대중문화를 수용해왔다. 디스코장에서는 최신 비트의 음악이 흘러나온다. 심지어 지루한 국영TV에서조차 매주 자체 MTV 방송을 내보낼 정도다. 그러나 개인주의적 표현이 증가하고 여러 해묵은 사회적 관습을 포기했음에도 불구하고 베트남의 젊은이들은 여전히 과거와의 한 가지 연결고리만은 그대로 유지하고 있다. 바로 민족주의와 애국심이라는 강력한 구심점이다.

여성의 역할 변화

앞서 언급했다시피 베트남 사회에서 여성은 전통적으로 어떤 권리도 인정받지 못했다. 그들은 사회 전반적으로나 자신이 속한 지역사회 내에서나 사회정치 활동에 참여할 자격이 없었다. 여성은 공동체 내부의 어떤 사안에 대해서도 토론이나 의사결정 과정에 참여할 수 없었다. 기혼여성의 경우 토지나 집 같은 친정의 주요 재산에 대한 상속권이나 소유권이 없었으며, 자녀를 양육하는 방식에 대해서조차 결정권이 없었다. 그들은 남편 혹은 아버지의 소유재산으로 간주되었다.

그러다 1945년 호찌민의 독립선언문 선포를 기점으로 처음 변화의 물꼬가 트이기 시작했다. 미국의 독립선언문 문구를 차용하는 과정에서 양성평등의 원칙도 포함되었기 때문이다. 또한 전쟁이 여성의 지위 개선에 일조한 부분도 있었다. 이 시기에 여성은 생산인력으로 동원되었을 뿐 아니라 심지어 전장에 직접 투입되기도 했다. 이후 여성은 결혼 상대를 자유로이 선택할 뿐 아니라 직업을 갖고 공적 생활을 영위하며 가사노동에 있어서도 남녀가 동등한 책임을 지게 되었다.

오늘날 정치 일선에는 장관급 이상 최고위직에 오른 여성도 있다. 수십 년간 부통령 자리는 여성이 독차지해왔다. 물론 아직 갈 길이 멀다. 여성은 여전히 고위직 승진이 어려운 실정이다. 경제 현대화 과정 속에 실업률이 증가했고 남성보다는 여성의 실업이 훨씬 더 심각한 수준이다. 상당수 빈곤층 여성이 축산업이나 소규모 경작, 가내수공업, 혹은 투자비용이 매우 적은 영세 자영업 및 서비스업으로 전환했다.

서구와 마찬가지로 점점 더 많은 베트남 여성이 다양한 이유로 독신을 선택하거나 이혼을 통해 홀로서기를 하고 있다.

직업 전망이 밝은 여성일수록 가사에 얽매이지 않고 독립적으로 살아가는 데 매력을 느낀다.

자유시장경제는 베트남 가정을 엄청나게 변화시켰다. 많은 여성이 남편 대신 생활비를 벌게 되면서 가장으로서의 남성의 전통적 지위가 무너지는 상황이 벌어졌다. 그렇다고 여성이 가정을 돌보는 책임으로부터 자유로워진 것은 아니다. 또한 여전히 남아선호사상이 강해 정부의 두 자녀 정책에도 불구하고 특히 농촌지역에서는 이 법을 어기면서까지 아들을 낳으려 한다.

자신감과 강철 같은 결단력을 발휘해 창업에 성공한 여성의 경우, 남편이 아내의 이런 자질을 제대로 인정해주지 않고 오히려 연약하고 섬세한 전통적 여성을 원하기도 한다. 베트남의 이혼율은 여전히 세계 최저 수준이지만, 남부와 도시 지역을 중심으로 증가세에 있다.

지역적 차이

북부와 남부는 20세기 초까지 역사적으로 다른 길을 걸어왔고 이로 인해 확연한 지역차가 생겨났다. 전통적으로 인구의 대다수는 위아래로 긴 국토의 북쪽과 남쪽 돌출부에 집중되었다. 남부에서는 메콩 삼각주의 수로와 운하를 따라 마을이 발달했다. 이곳은 중국에서 흘러온 엄청난 양의 충적토가 쌓여 있어 농작물 재배가 비교적 수월했다.

북부에서는 홍강 유역에 쌓인 충적토가 남부의 메콩 삼각주 같은 지형을 만들어 북부 삼각주의 생활방식이 만들어졌다. 그러나 광물자원이 풍부하고 질 좋은 경작지가 있음에도 불구하고 북부지역은 남부에 비해 삶이 고달팠으며 남부와 달리 주기적인 기근을 경험해야 했다. 이런 환경 덕분에 강인함이 몸에 밴 북부 사람들은 남부 사람들이 자신들보다 '나약'하고 게으르다고 여기는 경향이 있다. 이런 인식은 베트남 전쟁을 통해 더욱 굳어졌다. 당시 남부군은 역경으로 단단해진 북부군을 감당해내지 못했고, 결국 전쟁을 지속하기 위해 미국으로부터 엄청난 규모의 지원을 받을 수밖에 없었기 때문이다.

이제 지역성에 관한 이러한 해묵은 고정관념이 점차 사라지고는 있지만, 사람들은 여전히 하노이 주민이 철학적이고 질문에 답할 때 좀 얼버무리는 경향이 있다고 생각한다.

일반적으로 북부 사람들은 전통을 고수하고 대가족 제도

를 선호하며 선조의 지혜에 높은 가치를 두는 경향이 있다. 북부 사람들은 느긋하고 차분한 데 반해, 남부 사람들은 다소 부산하고 열정적이며 오로지 돈 버는 일에만 몰두한다는 인식이 퍼져 있다. 그러나 이것은 전쟁 당시 미국의 달러화가 남부 경제의 원동력이었고 이를 통해 많은 기회가 주어졌다는 점, 그리고 전후세대가 고통스러운 현실에서 생존을 위해 고군분투해야 했다는 사실을 감안할 때 어느 정도 이해되는 부분이 있다.

그러나 최근 하노이를 찾았던 방문자들은 (값비싼 의복을 걸치고 애완견을 키우는 등) 과거에 비해 사치스러운 생활방식을 영위하는 이들을 많이 볼 수 있다. 이제 이런 부분에서는 북부가 남부를 바짝 뒤따라가고 있는 듯하다.

외국인에 대한 태도

앞서 살펴보았듯이 베트남인들은 자긍심이 매우 강하고 독립적인 민족이다. 따라서 과거 식민지 시절에 통용되던 방식으로 그들을 대한다는 오해를 살 만한 상황은 절대 피해야 한다.

잘못하다간 우월감을 과시하는 행동으로 비칠 수 있다.

지역에 따라 발전 정도도 다르다. 호찌민시 같은 주요 도시는 서구의 온갖 화려함과 현란함을 갖추고 있지만, 전국 각지를 여행하다 보면 낙후된 지역을 쉽게 발견할 수 있다. 그러나 전반적으로 많은 발전이 이루어진 상태이며 베트남 국민은 그들이 이룩한 성취에 대해 당연히 자부심을 가지고 있다. 따라서 이들은 외국인 방문자의 긍정적 평가를 기대할 것이다. 이런 맥락에서 현지인과 관계를 맺을 때 이를 잘 활용하는 것이 매우 중요하다. 도이머이 정책이 없던 시절에 베트남을 방문한 경험이 있다면 이 부분을 잘 활용하면 분명 도움이 될 것이다.

조화로운 사회에 대한 열망

외국인 방문자는 베트남의 정치적 이슈에 대해서는 주의할 필요가 있다. 예전과 비교해 베트남이 개방적인 사회가 되었다고는 하나, 외국인 방문자는 이 나라의 국내 문제에 어떤 형태로든 간섭하는 듯한 인상을 주지 않아야 한다. 대다수 베트남인들은 외국인과 기꺼이 대화할 의향이 있고 그것을 편안하게 느끼지만, 혹 그렇지 않은 사람이 있더라도 이유를 불문하고 그의 의사를 존중해주는 게 좋다.

베트남 국민은 조화로운 사회를 만들고 유지하는 것을 매우 중요하게 생각한다. 따라서 그들은 당황스러운 상황이 벌어지는 것을 원치 않으며 불편한 주제에 대해서는 언급을 회피하거나 하얀 거짓말을 할 수도 있다. 그러다 보니 그들에게서 분명하고 직접적인 대답을 듣기가 어려운 경우가 많다. 현명한 방문자라면 상대의 답변이 살짝 미심쩍더라도 그대로 수용하고 넘어가는 편을 택할 것이다. 답변의 진위를 가리려다가 오히려 상황을 악화시킬 수 있다. 만약 현지인이 부적절하거나 받아들이기 힘든 행동을 하더라도 그를 상대로 시시비비를 가려내기란 쉽지 않다. 다만 그의 신체언어를 살피면서 그가 시선을 회피하거나 어색한 침묵으로 일관하는 모습으로써 상황을 짐작만 할 수 있을 뿐이다.

【미소】
베트남인의 미소는 여러 의미를 담고 있어서 오해가 생기기도 한다. 서구사회에서 미소가 갖는 의미와 정반대로, 많은 아시아 국가에서 현지인이 짓는 미소는 슬픔, 염려, 당혹감 등을 표현하는 경우가 많다. 베트남에서도 미소는 무언가에 대해 공손하지만 회의적인 반응 혹은 실수나 오해에 대한 순응이나 관용, 때로 부당하거나 잘못된 판단에 대한 굴복 등을 의미할 수 있다.

이를테면 식당에서 종업원이 당신에게 실수로 커피를 쏟은 후 미소를 짓는다면 이것은 당혹감을 드러낸 것이지 상황을 우습게 여겨서가 아니다. 따라서 이 상황에서 화를 낸다면 그것은 부적절한 반응이다. 사실 이 종업원은 당신이 화를 낼까 봐 상황을 최대한 빨리 수습하기 위해 미소를 짓고 있는 것이다.

교육에 대한 태도

베트남인들은 전통적으로 교육에 대한 강한 열망을 보여온 민족이다. 그리고 고등교육을 받은 사람은 상대적으로 높은 사회적 지위를 누릴 수 있다. 전통적으로 베트남에서는 부와 물질적 성공보다 학식을 더 가치 있게 여겨왔다. 따라서 교육을 많이 받지 못한 부자는 무시를 당하거나, 가난하지만 학식이 높은 사람보다 못한 대우를 받는 일이 흔했다.

예전의 사회 체제하에서는 학자가 농부나 장인 혹은 상인 보다 서열이 높았다. 물론 오늘날에는 배움에 대한 열정이 배움 그 자체를 위한 순수한 동기에서 유발된다고 보기는 힘들다. 고등교육은 좋은 일자리를 얻기 위한 필수적 디딤돌일 뿐 아니라, 이 사회에서 수직이동을 위한 가장 주요한 동력이기도 하다.

수 세기 동안 베트남의 교육은 유교적 시스템을 기본으로 한 것이었다. 중국과 마찬가지로 젊은 남성(여성은 제외)은 관리

가 되는 시험에 통과하려면 유교 경전을 공부해야 했다. 시험을 통과한 인재는 관직을 얻을 수 있었다. 그러다 프랑스 식민 통치가 시작되면서 서구식 학교가 도입되었으나, 초등교육 이상의 교육을 받는 학생은 매우 드물었고 문맹률도 높았다.

교육 분야에서 의미 있는 진보가 이루어진 것은 1954년이었다. 남베트남 정부가 미국식 교육 체제를 채택하면서 개인의 재능과 기술의 계발을 강조하기 시작한 것이다. 북베트남 정부는 대중교육을 도입해 공산주의 사회에 필요한 인재를 양성하고자 했다. 재통일 이후에는 북측의 교육 체제가 전국으로 확대되었다. 물론 오늘날에는 공산주의 이념을 가르치는 것 못지않게 기술교육의 중요성이 부각되고 있다.

중산층이 성장하면서 해외 유학생이 늘어나는 부수적인 결과가 생겼다. 2012년에 5만 2,000명 수준이었던 유학생 수는 2019년이 되자 13만 명 이상으로 증가했다. 이로써 베트남은 세계에서 5번째로 많은 유학생을 해외로 보내는 국가가 되었다. 유학생 대부분은 일본, 호주, 미국, 한국, 캐나다에서 공부하고 있다.

03

종교, 축제
그리고 의식

딸을 시집보내면 부모 입장에서는 먹여야 할 입 하나가 주는 셈이었고, 신랑 측 입장에서는 농사일을 거들 일손 하나가 늘고 출산을 통해 더 많은 일꾼을 확보할 수 있다는 의미가 있었다. 아직까지도 농촌에서는 여성은 10대 후반, 남성은 20대 초반에 결혼하는 경우가 흔하지만, 도시의 젊은 이들은 우선 제대로 된 교육을 받아 일자리를 얻는 일에 몰두하느라 결혼 적령기가 갈수록 늦어지고 있다.

다양한 종교

비록 지금은 공산주의 정권하의 엄격한 무신론 국가라 해도 베트남은 오랜 세월 여러 외래문화의 영향을 받은 탓에 종교적으로도 상당히 풍부한 전통을 지니고 있다. 초기엔 불교와 유교, 도교가 주된 신앙이었다. 유교와 도교가 2000년 전 중국 침략자들에 의해 전파된 반면, 불교는 근대 초기에 인도와 중국의 승려들에 의해 전해졌다. 세 종교는 10세기에 베트남이 독립을 쟁취한 이후에도 꾸준히 명맥을 유지했다. 그러나 베트남 왕실은 이 중에서 유교만을 인정했다. 엄밀히 말해 유교는 종교적 신념이라기보다 하나의 사회적 윤리 체계에 가깝다고 할 수 있다.

하지만 불교와 도교는 일반 대중 사이에서 여전히 인기를 누렸다. 기독교는 17세기 프랑스 선교사들에 의해 전해졌는데, 프랑스 식민통치 시절에는 특히 가톨릭이 번창했다. 20세기 초에 베트남 현지에서 생겨난 혼합 종교도 있었다. 일명 호아하오(메콩 삼각주 지방에서 성행한, 변형된 형태의 불교)와 까오다이 등으로, 이들은 아시아와 서구의 여러 종교가 혼합된 형태를 보인다.

현대의 정권은 종교의 자유를 보장한다는 원칙을 내세우고 있지만, 국가 안보에 위협이 될 만한 움직임이 포착되면 언제든 제압할 태세를 갖추고 종교단체와 그들의 활동을 면밀히 주시하고 있다.

【불교】

기원전 500년경 인도에서 시작된 불교는 기원전 189년 중국 승려 중 일부가 중국 내 분쟁을 피해 피신을 오게 되면서 베트남 북부에 첫발을 내디뎠다. 이후 3세기에 이르러 인도에서 더 많은 승려들이 베트남을 찾았다. 베트남 불교는 7세기에서 14세기에 걸쳐 융성했으며, 이 시기 다양한 통치세력이 불교를 국교로 채택하고 여러 사찰과 불탑을 건축했다.

그러다 16세기가 시작되면서 쇠퇴기를 맞는다. 불교에 대한 왕실의 관심이 약해지기도 했지만, 승려들이 본래의 교리에서 벗어나 정통 불교의 관점에서 보면 일개 미신에 불과한 여러 의식을 행했기 때문이다. 신비주의, 밀교(주술적 불교) 의식, 애니미즘, 다신주의 등이 이 시기에 성행했다. 여기에 유교의 공세까지 더해지며 불교는 프랑스 식민통치 기간에도 계속해서 통제를 받았다.

1920년대와 1930년대에 걸쳐 불교에 섞여 있는 여러 가지 이질적 요소를 없애고 본연의 순수한 형태를 되살리려는 시도가 있었다. 1950년대에는 남부를 중심으로 불교 단체와 불교에 관한 학문적 연구가 번성했다. 남베트남에서는 불교가 하나의 강력한 정치세력으로 부상하며 응오 딘 지엠 대통령을 수반으로 한 정부의 몰락에 중심 역할을 했다.

오늘날 베트남의 불교신자가 얼마인지는 정확히 알 수 없다. 정부의 지원이 없다 보니 태국 등과 비교했을 때 베트남의 사찰과 불탑은 볼품이 없다. 또한 젊은 세대는 윗세대에 비

해 예불에 대한 관심도 적어 보인다. 하지만 관련 당국에 따르면 베트남 인구의 약 10~15%는 불심이 깊은 신도이며, 여기에 30~40%는 자신을 불교신자로 간주한다고 한다.

【유교】

유교적 전통을 따르는 가정에서는 조상신을 모신 제단을 집안에서 가장 중요한 장소로 여긴다. 제단은 양초와 향로, 꽃, 술 단지, 5대에 걸쳐 돌아가신 선조들의 위패로 꾸며져 있다. 집안의 수장은 조상 개개인의 기일마다 음식뿐 아니라 종이로 만든 상징적인 봉헌 의복과 돈, 집 등을 제단에 바친다. 그런 다음 조상신 전체를 향해 기도를 올린 후 기일을 맞은 조상에게도 기도를 올린다. 이들은 기일을 모시는 것에 그치지 않고 축제나 명절 같은 특별한 날에도 조상신께 예를 올린다. 또한 결혼식, 졸업식, 아기가 태어난 날처럼 축하할 일이 있을 때도 가족 모임을 갖고 조상신께 어떤 날인지를 알린다.

【까오다이교】

까오다이교는 20세기 베트남에서 생겨난 독특한 종교다. 프랑스 식민통치 당시 한 지방 공무원이 창시한 것으로 불교, 유

베트남 따이닌에서 열린 까오다이교 행사

교, 도교, 기독교, 이슬람교를 한데 모아 까오다이高臺라는 이름
의 신에 귀속시킨 재미난 혼합 종교다. 이것의 상징은 한쪽 눈
이 태양광선에 둘러싸인 모습을 하고 있다. 맨 위에 교황이 있
고 여러 명의 여성 주교들이 그를 보필한다. 황당하게도 예수
와 프랑스 작가 빅토르 위고, 잔 다르크, 나폴레옹 보나파르
트, 윈스턴 처칠 등을 성인으로 추대한다.

　이 종파의 본부는 호찌민시 북부에 위치한 따이닌으로, 캄
보디아 국경과 인접한 곳이다. 한동안 까오다이는 2만 5,000명

의 남성으로 이루어진 자체 부대를 보유하고 남베트남의 정치에 깊이 개입하려 했다. 그러나 1960년대 중반, 남베트남이 북측의 군사위협에 직면한 상황에서 내부 단합을 위해 고군분투하는 와중에 결국 이들을 진압해버린다. 하지만 이 종파는 과거 이들이 우세하던 지역을 중심으로 여전히 많은 추종자를 거느리며 건재를 과시하고 있으며, 또한 정권과의 타협도 이루어냈다.

창시자 응오 반 찌에우는 세상에 여러 다른 종교가 생겨난 것은 소통과 교통수단의 부족 때문이며 사실 모든 종교는 하나의 신이 심어놓은 지혜의 씨앗들이라고 천명했다. 여러 종교의 다양한 교리를 차용한 까오다이는 신자들에게 명예와 부가 아닌 영혼의 순수성을 추구하라고 가르친다. 이들은 영혼과 사후 영생, 천국과 지옥의 존재를 믿을 뿐 아니라 조상신도 모신다.

【 호아하오교 】

'호아하오'란 명칭은 이 종파의 창시자 후인 푸 소의 고향마을에서 따온 것인데, 이 마을은 안장성의 선^{Son}산맥에 위치해 있다. 어려서 병치레가 잦았던 그는 치유능력이 있다고 알려진 승려에게 맡겨졌고, 이때 극기와 영적 훈련, 불교 교리 등을 배우게 된다. 전해지는 바에 따르면, 1930년 어느 날 밤 청년의 후인 푸 소가 갑자기 잠자리에서 일어나 조상신을 모시는 제단 앞에 엎드렸고, 그러자 그가 가진 모든 질병이 즉시 나았다고 한다. 그 후 후인 푸 소는 스스로를 예언자로 선포하고 설교를 하고 다니기 시작했다. 기적의 치유능력을 지닌 자로 알려지면서 그는 얼마 뒤 수많은 신도를 거느리게 되었고 나중에는 그 수가 200만을 넘었다.

이 종파를 과연 진정한 의미의 불교로 볼 수 있을지에 관해서는 의견이 분분하다. 후인 푸 소가 제시한 예배형식은 아주 단순해서 승려나 사제 등의 중재자가 필요 없으며 예배형식이나 의식보다는 개인의 내적 신앙을 더 강조한다. 후인 푸 소가 설파한 가르침의 핵심은 사찰을 찾아가 수많은 종교의식에 공을 들이기보다는 차라리 순전한 마음으로 조상신의 제단 앞에 서서 기도를 올릴 것을 강조한다.

1960년대, 호아하오교는 까오다이교와 마찬가지로 남베트남 정부와 정치, 군사적으로 대립한 일로 인해 심각한 상황에 직면하게 되었다. 이들이 제2차 세계대전 당시 일본 침략군에게서 무기를 얻어 지역전에서 그들 편에 서서 싸웠기 때문이다. 창시자인 후인 푸 소는 이 일로 인해 결국 처형을 당하고 호아하오교는 수년간 금지되었다. 그 후 이 종파가 다시 등장하긴 했지만 그들을 억압하려는 정부와의 마찰로 근래에 심각한 타격을 입은 상황이다.

【 도교 】

도교 철학의 핵심은 인간과 우주는 하나라는 것이다. 우주와 자연의 법칙은 바꿀 수 없기 때문에 인간은 현재 상황에 최대한 만족하며 주변과 조화를 이뤄야 한다고 본다. 이 사상은 오랜 세월 고통스러운 현실 속에서 엄청난 극기력을 발휘해야 했던 베트남인들에게 상당히 매력적으로 다가왔다.

고달픈 현실에 놓인 많은 이들이 도교 사제의 도움을 받아 혼령과 접촉하고 죽음과 재앙을 늦추고자 했다. 그들에게 요가를 통한 정신수양은 최소한의 노력과 불편함을 감수함으로써 자아를 주변에 순응시키는 과정이다. 과거 중국이 이 나라에 전수한 도교 사상은 수 세기에 걸쳐 대중적 인기를 누렸다. 그러나 현재는 마법과 주술에만 의존하는 종교로 전락하면서 산간벽지의 극소수 주민을 제외하면 신도를 거의 찾아볼 수 없다.

【 기독교 】

기독교, 그중에서도 로마 가톨릭은 프랑스의 영향으로 상당한 성공을 거두었다. 홍강 삼각주 지역을 중심으로 가톨릭 공동체가 번성했지만 제1차 인도차이나 전쟁 당시 이들이 공산주의에 반대하면서 많은 고통을 겪었다. 1954년 프랑스가 패배하자 수십만 명의 가톨릭 신자들이 북베트남을 떠나 남부에 정착했다.

오늘날 베트남의 기독교 신자는 대략 600만 명으로 추산되며 복음주의 성향이 상당히 강한 것으로 알려져 있다. 대체로 예배의 자유가 허용되지만 최근 수년간 정부의 탄압과 부적절한 대응에 대한 불만의 소리가 높다. 이는 소수민족인 몽타냐르족과 몽족의 상당수가 기독교인인 데 기인한 것으로 보인다. 몽타냐르족은 전통적으로 그들이 살아왔던 국경 산악지역의 독립을 부추겼다는 혐의를 받고 있으며, 몽족 역시 베트남 전쟁 당시 미군을 지원했다는 이유로 정부의 불신을 초래했다.

【 혼령과 미신 】

많은 이들, 특히 농촌 주민들은 온갖 형태의 (선하고 악한) 혼령이 존재한다고 믿는다. 그리고 이와 관련해 온갖 종류의 의식

• 전통적으로 금기시되는 것들 •

베트남에는 전통적으로 불운의 징조로 간주되거나 금기시되는 것이 상당히 많다. 정도의 차이는 있지만 다음과 같은 것들이 아직까지도 지켜지고 있다.

- 신랑, 신부에게는 일반적으로 한 쌍으로 된 것을 선물한다. 그렇지 않으면 이들의 결혼이 오래가지 못할 수 있다고 믿는다. 가격이 비싸지만 짝이 없는 물건보다 저렴해도 짝으로 된 선물이 더 환영받는다.
- 갓 태어난 아기에게 칭찬을 과하게 하지 않는다. 악마가 칭찬 소리를 듣고 아기를 탐내 훔쳐간다고 믿기 때문이다.
- 거울은 대개 현관 입구에 걸어둔다. 용이 집 안으로 들어오려다가 거울에 비친 자신의 모습을 보고 이 집에 이미 다른 용이 있다고 생각해 달아나버린다고 믿기 때문이다.
- 내 젓가락으로 다른 사람의 젓가락에 음식을 전해주지 않는다. 이는 장례의식에서 행해지는 일이기 때문이다.

이 행해진다. 뿐만 아니라 베트남인들은 뭔가 중요한 결정을 내려야 할 때마다 사이비 과학자나 점쟁이의 조언에 지나칠 정도로 의존하는 편이다. 점성술사는 의뢰인이 태어난 연월일은 물론 정확한 시와 분, 그리고 그 시점에 천체의 위치를 근거로 그의 운명을 예언한다. 특히 결혼날짜를 정할 때 점성술사의 역할은 매우 중요하다. 손금이나 두상을 보고 운명을 점치는 이들도 있다.

건물을 세울 때는 '흙 점쟁이'를 부르는데 그가 땅 주변에 흐르는 보이지 않는 힘, 즉 자기장에 대한 지식이 있기 때문에 어디에 건물을 세워야 할지 잘 안다고 생각하기 때문이다. 건물을 지을 때 이러한 보이지 않는 힘과 조화를 이뤄야 한다고 믿는데, 이것은 중국의 풍수지리사상과 매우 유사하다.

전통 축제와 국경일

【뗏】

베트남은 중국의 음력, 그리고 해마다 다양한 동물의 이름을 붙여 12년 주기로 반복되는 십이지를 받아들여 지금까지 이어오고 있다. 음력설이자 봄의 시작을 알리는 뗏은 시기적으로 대개 1월 하순이나 2월 초순에 해당된다. 이때가 되면 모든 베트남인들은 가족과 함께 새해를 맞이한다. 이들은 집 안 곳곳을 미리 깨끗이 청소하고 장식한 다음 새 옷을 입고 선물을 주고받는다.

뗏이 임박하면 새 옷과 엄청난 양의 음식, 양초, 꽃을 사는 사람들로 상점마다 북새통을 이룬다. 모두들 이날만큼은 아낌 없이 많은 양의 음식을 사서 가족을 위한 명절 음식으로 사용할 뿐 아니라 조상신을 모신 제단에도 바친다. 상점과 가판 대마다 꽃과 장식품이 가득해 거리에는 색색의 향연이 펼쳐진 다. 쇼핑 물품에는 뗏 나무도 포함되는데, 북부지방에선 분홍 빛 복숭아꽃 나무를, 남부에선 노란빛 살구꽃 나무를, 그리고

베트남의 새해인 뗏에 하는 풍습으로, 가짜 돈이 들어 있는 빨간 봉투를 나무에 걸어 행운을 빈다.

전국 어디서나 예쁘게 다듬은 금귤 나무를 사서 장식한다.

빚이 있는 사람은 신년을 맞이하기 전에 모든 빚을 갚고 싶어 한다. 빚이 남아 있는 상태로 새해를 맞이하면 그해의 운수가 나쁘다고 생각하기 때문이다. 또한 뗏은 지난 과오를 바로잡고 이미 지나간 실수를 잊으며 타인의 죄를 용서할 뿐 아니라 더 이상의 적대감이나 원한, 시기, 악한 마음을 품지 않기로 결심하는 날이기도 하다. 이런 이유로 1968년 베트콩이 남베트남 전역을 대상으로 구정 대공세를 감행했을 때, 사이공 정권과 미국이 엄청난 충격에 휩싸이기도 했다.

뗏 일주일 전, 따오 꾸언(부엌신 혹은 부뚜막신으로 세 명의 신을 총칭하는 말)은 하늘에 올라가 옥황상제에게 지난해 집안에 있었던 일을 보고한다고 알려져 있다. 사람들은 따오 꾸언이 좋은 내용의 보고를 올릴 수 있도록 집 안을 완벽하게 청소하고 그에게 음식과 선물을 바친다. 설맞이 준비로 정신없이 어수선한 분위기는 뗏 전날 정오가 되면 일시에 잠잠해진다. 모든 사람들이 고향으로 떠나고 없기 때문이다. 이들은 고향이 아무리 멀리 있어도(심지어 국토의 반대편 끝에 있더라도) 어김없이 찾아간다. 설 전날 오후의 첫 공식 일정은 고인이 된 친지들의 혼령을 초대하는 특별의식을 행하는 것으로, 혼령들도 며칠간 살아 있는 가족과 함께 머물며 명절 분위기를 즐기게 해준다.

이때가 되면 주요 도심에는 엄청난 인파가 모여 노래하고 춤추느라 거리마다 차량 통행이 불가능할 정도가 된다. 그러다 자정을 알리는 종소리가 울려 마침내 따오 꾸언이 천상에서 다시 인간세계로 돌아오는 시간이 되면 분위기는 절정을 향해 치닫는다.

도시에서는 거대한 불꽃놀이가 펼쳐져 하늘을 환하게 수놓는다(예전엔 폭죽을 터뜨렸으나 사망자가 발생하면서 사용이 금지되었다). 사

뗏 기간 동안 음악과 춤 공연이 도시와 마을의 거리를 가득 채운다.

람들의 함성이 절정으로 치닫는 와중에 모두가 행운을 기원하는 초록 잎사귀를 모으기 위해 몰려든다.

뗏 당일이 되면 각 가정에서는 아침 일찍 일어나 새 옷을 차려입는다. 그리고 서로에게 새해 소망을 전하고 아이들은 돈이 든 행운의 빨간 봉투를 받는다. 베트남에선 새해 첫날 자기 집에 찾아온 첫 손님에게 상당히 큰 의미를 부여한다. 그가 앞으로 한 해 동안 그 가정의 평안과 행복에 영향을 미친다고 믿기 때문이다. 남은 명절 기간 동안 친인척과 친구의 집을 방문하며 보낸다.

베트남인들은 뗏 명절 기간 중 넷째 날이 되면 조상신이 천상으로 돌아간다고 믿는다. 때문에 이때부터는 다시 일상적인 생활로 돌아간다. 사람들은 이날 조상의 묘를 찾아 그들이 떠나는 길을 배웅한다.

한편 뗏 기간에 하게 되면 복이 나가고 불길한 일이 벌어진다고 믿는 일도 있다. 이를테면 청소를 하거나, 남을 모욕하거나, 잘못된 처신을 하거나, 맹세하거나, 분노나 슬픔을 표현하는 일은 절대 금물이다. 또한 그릇을 깨뜨리는 것도 나쁜 징조로 여긴다.

【 쭝 응우옌 】

베트남에서 뗏 다음으로 큰 명절이다. 해마다 음력 7월 15일을 이날로 정해두었지만, 15일부터 말일 사이 아무 때나 편리한 날에 치른다. 쭝 응우옌(백중날)은 단지 불교 신자만을 위한 날이 아니라 신과 선악의 존재를 믿는 모든 베트남 사람이 지내는 명절이다.

베트남에서는 사람이 죽으면 생전에 어떻게 살았느냐에 따라 그 영혼이 천국과 지옥 중 어느 곳에 머물게 될지 심판을

받는다고 믿는다. '떠도는 영혼'을 기리는 이날은 모든 영혼이
대사면을 받는 날이기 때문에 지옥문이 열리면 그곳의 모든
영혼이 헐벗고 굶주린 상태로 날아다니며 온기와 식량을 찾
아다닌다고 믿는다. 때문에 사람들은 제단마다 음식을 바치고
종이로 만든 돈과 옷을 태운다.

【쭝투】

우리나라의 추석과 같은 쭝투가 되면 사람들은 엄청난 양의
월병을 만든다. 월병 속에
는 땅콩, 설탕, 연밥, 오리
알 노른자, 건포도, 수박씨
같은 온갖 특이한 재료가
들어간다. 잘 구운 월병은
색색의 상자에 담겨 팔려
나간다. 값비싼 포장을 한
월병은 선물로 주고받기도
한다. 축제의 밤이 찾아오
면 아이들은 행렬을 지어
알록달록한 등불을 들고

북과 심벌즈 소리에 맞춰 전통춤을 추며 거리를 행진한다.

【 홍 왕조 기념일 】

홍 왕조는 고대 베트남을 세웠다고 알려진 전설 속의 왕조로, 이들을 기리는 행위는 모든 베트남인의 뿌리가 하나라는 믿음을 반영한 것이다. 또한 이날은 "물을 마실 때마다 그 물의 기원을 기억하라"라는 철학과 민족적 단결의식을 표현하는 것이기도 하다.

전설(1장 참고)에 따르면 락 롱 꾸언과 어우 꺼 사이에 태어난 큰아들이 퐁 쩌우(지금의 푸토성)에 이르러 반 랑을 세우고 홍왕이 되었다. 반 랑은 베트남 최초의 통일국가로 이후 홍왕의 후손인 18명의 왕이 나라를 다스렸다. 홍 왕조는 지역민들에게 벼농사 기법을 전수하고 이 지역에서 가장 높은 산인 응이어린산에서 벼와 태양신에게 제를 올렸다.

마침내 응이어린산 중심부에 사당(홍왕 사당 유적지)이 지어졌고, 음력 3월 10일(양력으로 4월 중순경)이 조상 기념일로 정해졌다. 이 사당을 시작으로 홍 왕조를 기리는 행사가 시작되었다. 이것이 점차 다른 지역으로 확산되어 베트남 현지인은 물론 해외 교민들까지 이날을 기린다.

해마다 전국의 모든 홍왕 사당에서는 조상 기념일을 맞아 기념행사가 열리는데 그중에서도 홍왕 사당 유적지에서 벌어지는 행사가 가장 규모가 크다. 푸토성의 모든 마을에서는 의식을 준비하고 진행할 행사 조직위원회를 선정한다. 이 위원회는 사당 지킴이를 지정해서 1년 동안 의식이 거행될 장소를 관리하고 열성 신자를 지도할 뿐 아니라 홍 왕조의 제단에 향을 피워 올린다. 각 마을에서는 경험이 풍부한 노인 중에서 의

국경일	
1월 1일	신정
2월 3일	베트남 공산당 창립기념일
4월 30일	해방기념일로 1975년 사이공(호찌민시)의 함락으로 국가 재통일의 서막을 연 날
5월 1일	노동절
5월 19일	호찌민 탄신일
9월 2일	독립기념일
전통 명절	
음력 1월 1일	뗏
음력 7월 15일 혹은 중순부터 말일까지 편리한 아무 날	쭝 응우옌(백중날)
음력 8월 15일	쭝 투(추석)
음력 3월 10일	홍 왕조 기념일

식 전담 위원을 선출한다.

　홍왕 축제기간에 사람들은 사각떡(반 쯩)과 찹쌀떡(반 져이) 등의 제물을 만들어 바친다. 또 신에게 바치는 호소문이나 기도문 낭독, 청동북 연주, 전통 쏘안 가창 등 다양한 민속예술 공연이 펼쳐진다.

출생, 결혼 그리고 장례

【 출생 】

베트남인들은 전통적으로 대가족을 선호해왔다. 물론 요즘 젊은 세대는 이런 의식에서 벗어나고 있고 정부 역시 인구증가율을 낮추기 위해 애쓰고 있다. 일반적으로 이들은 대를 잇는다는 차원에서 딸보다는 아들을 선호한다.

　전통적으로 출산이 임박한 임산부는 결혼식이나 장례식에 가면 액운이 따른다는 믿음 때문에 참석하지 않는 경우가 많았다. 또 멀리 여행을 떠나는 사람과의 접촉도 피했다.

　일반적으로 신생아에겐 앞서 태어난 형제자매가 입던 옷을 입히는 게 오랜 전통이었다. 이것은 악령이 새 옷을 시샘해 아기에게 병을 가져올지 모른다는 두려움 때문이었다. 아기가 한 달을 넘기고 이를 기념하는 의식을 치른 다음에야 새 옷을 입혔다. 그리고 한 달이 지난 후라도 아기를 보고 "이렇게 건강하다니"라고 말하는 것은 좋지 않은 일로 간주되었는데, 이 역시 악령의 관심을 집중시켜 아기의 운명에 해가 될 수 있다고 믿기 때문이었다. 아기가 태어나고 1년이 지나면 돌잔치를 하는데, 태어났을 때를 1살로 보기 때문에 다음번 음력설이 찾아오면 2살이 된다. 따라서 새해 전날 태어나면 태어난 지 하루밖에 되지 않은 아기가 이틀 사이 2살이 될 수도 있다.

【 결혼 】

예전만 해도 결혼이란 집안의 어른이 정해주는 대로 따라야 하는 의무사항이었다. 따라서 젊은 남녀는 순순히 부모의 뜻에 따라 정해진 짝과 결혼을 했다. 지금도 농촌에서는 어느 정도 이런 식의 결혼이 이루어지고 있다. 그러나 도시에서는 젊은 남녀가 만나 사랑에 빠질 기회가 많을 뿐 아니라 결혼과 관련해 부모의 역할은 조언을 해주는 정도로 축소되었다. 여전히 많은 남녀가 결혼 상대를 결정할 때 점쟁이를 찾아가 점을 보지만, 도시에서는 더 이상 점괘를 중요하게 생각하지 않는다. 오히려 결혼을 할 수 없는 구실을 만들고 싶을 때 점괘를 전략적으로 이용하는 경우도 있다.

과거에는 집안의 경제상황을 고려해 여성은 13세, 남성은 16세 정도만 되면 결혼을 할 수 있었다. 딸을 시집보내면 부모 입장에서는 먹여야 할 입 하나가 주는 셈이었고, 신랑 측 입장에서는 농사일을 거들 일손 하나가 늘고 출산을 통해 더 많은 일꾼을 확보할 수 있다는 의미가 있었다. 아직까지도 농촌에서는 여성은 10대 후반, 남성은 20대 초반에 결혼하는 경우가 흔하지만, 도시의 젊은이들은 우선 제대로 된 교육을 받아 일자리를 얻는 일에 몰두하느라 결혼 적령기가 갈수록 늦어지고 있다.

결혼식 당일이 되면 신랑 측 가족과 친척은 신부네 집을 찾아간다. 이때 신랑 쪽에서는 빈랑나무 잎과 열매, 포도주, 과일, 케이크, 찻잎 등을 빨간 종이에 싸서 선물로 가져간다. 이 선물 꾸러미는 나중에 결혼식에서 신랑, 신부가 들고 가는 쟁반 위에 놓이는데, 이때 이미 결혼한 지인 중 가장 잘사는 부부가 신랑과 신부를 인도한다. 신랑과 신부도 이들 부부처럼 행운을 얻으라는 의미에서다. 대개 이 성공한 부부가 먼저 신부 집으로 들어가 신부의 부모에게 포도주잔을 건넨다. 신부의 부모가 이들을 받아들이면 나머지 사람들도 함께 들어와도 좋다는 신호다. 이때 하객들은 폭죽을 터뜨리며 입장한다. 신부는 보통 붉은색 아오자이(베트남 전통 의복)를 입고 등장한다. 신랑, 신부는 조상신의 제단 앞에 무릎을 꿇고 결혼 승낙을 구한다. 이런저런 축사가 이어지고 마침내 반지를 교환하고 나면 양가 부모는 신랑과 신부에게 금팔찌, 귀고리, 목걸이 같은 귀한 선물을 주며 예식이 마무리된다.

오늘날 스스로를 신식이라 생각하는 많은 베트남 커플이

사원이나 교회에서 서구식 결혼 서약을 하지만, 그전에 일단 신부 집에서 전통 혼례를 올리는 경우가 대부분이다. 결혼식 피로연은 보통 호텔이나 대규모 식당에서 열리는데 그 사이 신랑과 신부, 그리고 양가 부모는 하객의 테이블을 돌며 인사를 건네고 그때마다 하객은 축하카드와 현금이 든 봉투를 건넨다.

【장례】

성당의 장례의식을 따르는 가톨릭 신자들을 제외하고 대부분의 베트남인들은 불교식으로 장례를 치른다.

망자의 얼굴을 흰 종이나 손수건으로 덮는 것은 이제 죽은 이와 남겨진 이들 사이에 장벽이 존재함을 상징한다. 가족들은 시신을 닦은 다음 가장 좋은 옷을 입힌다.

과거에는 관을 미리 사두었는데, 특히 고산지역에서는 이렇게 미리 사놓은 관을 집 안에 두고 벤치로 사용하기도 했으나 도시에서는 더 이상 이런 관습을 찾아볼 수 없다. 또한 시신을 관에 넣어 밀봉한 뒤 집 안에 6개월씩 놓아두기도 했으나 현재는 길어야 일주일 정도 집 안에 둔다.

가족들은 집 안에 설치된 제단 앞에 모여 망자의 혼령을 위해 음식을 봉헌한다. 이 의식은 총 100일간 이어지는 애도기간 내내 매일 하루 세 차례 반복해서 치른다. 베트남인들은 대개 애도기간에는 불탑이나 축제, 파티, 그 밖에 즐길 수 있는 장소를 찾아가지 않는다. 또 결혼식은 뒤로 미루고 색이 화려한 옷도 입지 않는다.

장례를 치르려면 돈이 많이 든다. 악사를 불러야 하고, 장례절차를 챙길 도우미도 여럿 필요한 데다 용이나 여러 형상으로 치장한 약 3m 높이의 거대한 상여도 준비해야 하기 때문이다. 유족은 망자의 넋을 위로하고 그의 업적과 미덕을 기리기 위해 큰 소리로 곡을 한다. 어떤 이는 망자를 위해 미처 해주지 못한 일을 떠올리며 울기도 한다.

장지에 도착해 시신을 땅속에 내려놓는 순간이 되면 곡소리는 더욱 강렬해지고 직계가족과 가까운 친인척들은 관을 내리는 인부들과 맹렬한 가짜 몸싸움을 벌인다. 관을 땅에 묻지 못하게 막는 시늉을 하는 것이다. 망자의 장남, 승려, 혹은 장례 도우미 중 한 사람이 이미 파놓은 무덤 위로 흙을 한 줌 뿌린 다음 나머지 유족에게 경의를 표한다.

장례가 끝나면 망자를 위해 만든 특별제단 위에 100일간 계속해서 촛불을 밝히고 향을 피운다. 최근에는 도시 지역에 사는 가족을 중심으로 화장의 인기가 높아졌다. 대개 묘지가 도시에서 먼 곳에 위치하는 탓에 자주 찾기가 힘들기 때문이다. 화장한 다음에는 유골을 함에 보관해서 집과 가까운 곳에 있는 승려들이 관리하는 탑에 안치하고, 이후에 가족들이 방문한다. 그리고 이 기간이 지난 뒤에는 해마다 기일과 음력설, 때론 음력으로 매월 1일과 15일에 정기적으로 제사를 지낸다.

04

베트남의
가정생활

베트남의 하루는 대개 이른 아침에 시작된다. 도시의 거리는 새벽 5시면 벌써 사람들로 가득 채워진다. 다른 여러 가지 이유가 있겠지만 특히 남부지방의 경우, 작열하는 태양이 떠오르기 전인 이 시간대가 그나마 다니기에 시원하기 때문이다. 학교도 아침 7시면 문을 열고, 출근 행렬은 아침 6시에서 7시 사이가 되면 절정을 이룬다.

베트남은 현재 사회·정치적으로 엄청난 변화를 겪고 있다(8장에서 좀 더 자세히 다룬다). 그동안 우리가 공산국가로 간주해온 이 나라는 경제개혁을 통해 여러 가지 자본주의적 요소를 도입했다. 그로 인해 민간경제가 지속적으로 성장하고 농촌이 도시화되었으며 외부세계와의 사회적 교류도 확대되었다. 하지만 여전히 베트남은 어떤 면으로는 전혀 변화가 없다고도 할 수 있다. 특히 가족 위주의 끈끈한 연대의식이 대다수 사회적 네트워크의 중심에 서 있다는 점에서 그렇다. 사회적 현대화 과정을 통해 이들의 사회관계망이 직장 등 다양한 조직의 구성원으로 확대되고는 있으나, 그렇다고 해서 이것이 전통적인 가족 중심의 네트워크를 약화시켰다고는 볼 수 없다.

대개의 사회가 그렇듯 베트남에서도 교육수준이 높고 나이가 젊을수록 가족의 테두리를 넘어 더 광범위한 사회적 네트워크에 참여하려는 성향을 보인다. 하지만 연령대를 막론하고 평균적인 베트남 국민은 가족 집단의 구성원으로 존재하는 것을 여전히 하나의 바람직한 인생목표로 여긴다. 베트남의 젊은이는 따뜻한 가족의 울타리 안에서 부모를 공경하며 성장한다. 이들은 더 나은 교육을 받고 열심히 일해 성공한 사람이 되어 결국 자신의 가문에 영광을 가져다주기를 간절히

소망한다.

　"당신은 공산주의자입니까?"라는 질문에 대다수 베트남 국민들은 아마도 긍정의 답을 할 것이다. 하지만 사실 이런 대답은 그들이 스스로를 민족주의자, 다시 말해 베트남이 세계에서 주도적 국가가 되기를 열망하는 애국자로 간주한다는 것의 다른 표현에 불과하다.

그들의 일상

베트남의 하루는 대개 이른 아침에 시작된다. 도시의 거리는 새벽 5시면 벌써 사람들로 가득 채워진다. 다른 여러 가지 이유가 있겠지만 특히 남부지방의 경우, 작열하는 태양이 떠오르기 전인 이 시간대가 그나마 다니기에 시원하기 때문이다. 학교도 아침 7시면 문을 열고, 출근 행렬은 아침 6시에서 7시 사이가 되면 절정을 이룬다. 수많은 통근자들이 집에서 아침

을 먹는 대신 출근길에 가판대나 소규모 음식점에 잠시 들러 서둘러 한 끼를 해결한다. 식재료 구입비와 음식 준비에 드는 시간을 절약할 수 있기 때문이다.

전업주부 등 여유시간이 있는 사람들은 시장에 나가 요리에 쓸 신선한 육류와 채소를 산다. 전통시장은 시끄럽고 어수선한데 물건값을 흥정하느라 양쪽에서 열을 올리기 때문이다. 시장에서 거래되는 농산물은 외딴 지역의 농부들이 동이 트기도 전에 가져온 것들이다. 그러나 이제 도시에서는 전통시장

대신 가격은 더 비싸지만 수입 농산물도 구매할 수 있는 슈퍼마켓이나 작은 마트가 대세다.

하루의 시작이 워낙 이르다 보니 점심시간도 빨리 찾아온다. 사람들은 오전 11시경이면 벌써 점심을 먹고 만약 시간적으로 여유가 있다면 한낮의 뜨거운 열기를 피해 한적한 곳에서 낮잠을 청한다. 물론 경제적 여유까지 있는 운 좋은 사람들은 에어컨이 갖춰진 공간에서 낮잠을 잘 수 있겠지만, 대다수는 휴대용 선풍기나 천장에 매달린 선풍기에 의지해 잠을 청한다.

평범한 베트남 가정에서는 저녁 6시쯤 저녁식사를 한 후 TV를 시청하거나 다른 여가활동을 한다. 이를테면 해가 진 저녁 무렵 더위가 누그러지면 시내로 나와 산책을 하거나 오토바이로 드라이브를 즐긴 후 대개는 극장에 가거나 노천카페에서 음료를 마신다. 늦은 시간까지 거리마다 불이 밝혀져 있지만 대부분의 가정은 다음 날 일찍 다시 하루를 시작해야 하기 때문에 밤늦은 시간까지 시내에서 시간을 보내지는 못한다.

소비 행태

경제 발전으로 인해 특히 도시에서 물질적인 생활 수준이 급격히 향상되었다. 전체 가구의 90%가 오토바이 1대를 소유하고 있으며, 자동차 보유 수도 증가 일로에 있다. 사실상 모든 가정에 TV가 있으며, 50% 이상이 PC나 노트북을 소유하고 있다. 또한 90%가 스마트폰을 사용한다.

지역마다 주민들의 소비 행태는 상당히 상이하다. 평야나 산악지대에 사는 사람들은 매일 하루 수입의 절반 이상을 식품을 구매하는 데 쓴다. 반면 도시에 거주하는 가정은 소득의 1/3만 양식을 구하는 데 할애한다. 이를 통해 도시 가정의 잠재소득이 농촌보다 높다는 것을 알 수 있다. 도시에 비해 상대적으로 빈곤한 농촌지역의 경우, 가정경제는 가장 기본적인 필요를 해결하는 데 중점을 두는 경향이 있다. 대가족이 함께 살며 이들 중 몇 사람이 외부로 나가 돈을 벌어오는 구조다 보니 소득의 대부분은 생필품 구매에 쓰일 수밖에 없다.

의류 소비도 상당히 증가했다. 시장의 상인들은 가짜 상표를 붙인 리바이스와 캘빈클라인 청바지를 오랜 기간 팔아왔다. 그러다 1990년대 중반부터 서구의 의류 브랜드 정품을 현지 생산하기 시작했다. 호찌민시에는 1990년대부터 해외 유명 브랜드 점포가 눈에 띄게 증가했다. 아무래도 남부 사람들이 서구 문화에 훨씬 더 많이 노출된 상태여서 그만큼 브랜드에도 민감하다. 더디긴 해도 앞서 보았듯 하노이 시민들도 결국에는 호찌민 시민들을 따라잡았다. 이제 하노이와 호찌민 모두 구찌나 루이뷔통 같은 세계적으로 유명한 브랜드 제품을 판매하는 쇼핑몰이 있다. 현지 패션 브랜드도 인기가 많으며, 전반적으로 스타일도 뒤처지지 않는다.

주거 상황

현재 베트남 인구의 1/3이 도심에 거주하는데, 이 수치는 향후 계속해서 증가할 것으로 예상된다. 이 가운데 대다수가 하노이와 호찌민에 거주하지만, 하이퐁Hai Phong, 칸토Can Tho, 비엔 호아Bien Hoa, 다낭Da Nang 같은 도시의 인구도 100만 명을 넘어섰다. 하지만 급격한 도시화가 도시의 충분한 주거 공급 능력에 커다란 압력으로 작용했다.

호찌민시는 개발도상국 도시 가운데 가장 규모가 크고 성

장 속도가 빠른 도시로 인구가 900만 명에 육박한다. 베트남전쟁 당시 화려한 도심 주변의 사이공강 주변에 있던 오래된 빈민촌은 이제 사라져버렸고, 그 자리엔 정부가 새로 지은 저렴한 주거지가 자리하고 있다.

하노이와 호찌민에는 국제표준에 맞는 편의시설을 갖춘 주택 개발이 많이 이루어지고 있다. 호찌민의 중급 아파트 가격은 제곱미터당 대략 300만 원이 넘는 반면, 고급 아파트 평균가는 제곱미터당 700만 원이 넘는다. 수요가 증가함에 따라 중급, 고급을 막론하고 모든 아파트 가격이 계속 상승하고 있다. 베트남이 점차 외국인 투자자들에게 매력적인 투자처가 되면서, 최근 외국인의 부동산 취득을 쉽게 만든 법이 발효된 것도 주택 가격 상승을 부채질할 것으로 보인다.

하노이와 호찌민의 사무실과 비즈니스빌딩은 뉴욕이나 홍콩, 싱가포르와 다를 바 없다. 호찌민에 있는 랜드마크81 빌딩은 온전히 베트남 자본으로 지어진 높이 461미터, 81층 건물이다. 2018년 건설 당시 동남아시아 최고층 빌딩으로 기록되었다. 이밖에도 유명한 빌딩으로 높이 350미터, 72층의 경남 하노이 랜드마크 타워와 호찌민에 있는 높이 262.5미터, 68층의 비텍스코 파이낸셜 타워가 있다.

프랑스 식민지 시대에 지어진 별장

북부는 전쟁 당시 끊임없는 폭격으로 많은 도시가 폐허로 변했다. 특히 하노이와 빈^{vinh}이 가장 심한 피해를 입었다. 전후 도시 재건 공사가 진행되었다. 하노이 도심에는 아직도 프랑스 식민통치 시절에 지어진 멋진 건축물들이 남아 있는데, 집 주인들은 리모델링 후에 세를 놓거나 되팔고 있다. 물론 대기업과 거래하는 외국인 사업가나 소득이 많은 베트남 현지인이 아니면 이런 집에 살기는 어렵지만, 현지 수요가 증가하고 있다.

이렇듯 베트남의 생활 여건은 천차만별이다. 하지만 대다수 도시 거주자들은 사생활 보호가 되지 않는 밀집된 공간에서 살아간다. 또한 산악지대나 외진 시골에는 도시에서 누리는 편의시설의 혜택을 보지 못한 채 기본적인 여건에서 사는 사람들이 여전히 많다.

교육 체계

이 나라의 대다수 성인은 글을 읽고 쓸 줄 안다(2018년 기준 97.3%). 베트남에선 초등학교 5학년까지 무상 의무교육을 실시하고 있다. 하지만 도시를 벗어나면 중·고등 교육을 받는 학생의 비율은 급격히 줄어든다. 특히 고산지역에 사는 학생, 그중에서도 여학생의 진학률이 낮다. 정부 통계치에 따르면 국가 예산 가운데 교육지출 비중이 상당한데, 연 20%가량을 차지한다고 한다.

교육제도를 살펴보면, 현재 전체 학생 수는 1,000만 명이 넘으며 교사 수는 120만 명이다. 학제는 5-4-3 학제로, 초등 5년(1~5학년), 중등 4년(6~9학년), 고등 3년(10~12학년)으로 구성되

어 있다. 대학 이상의 교육과정은 2년에서 6년에 걸쳐 이루어
진다.

학생들이 변화하는 노동시장의 요구에 부응할 수 있도록
교육제도를 개선하기 위해, 정부는 고등교육제도를 재편하는
조치를 단행했다. 2021년 기준으로 전국적으로 대학교 진학률
은 약 25%에 달한다. 가처분소득 증가와 급속한 도시화, 생활
수준 향상의 결과, 고등교육 수요가 증가했다. 오늘날 전국적

하노이에서 대학생들이 졸업식을 하고 있다.

으로 445개 대학교가 있으며, 주요 대학은 하노이, 후에, 타이응우옌, 다낭, 호찌민에 소재하고 있다. 과거에 있었던 많은 사학 규제가 철폐되면서 이른바 '반半 공립', '인민 설립' 교육기관이 급격히 증가했다. 특히 유아교육과 직업기술교육 분야에서는 사설 기관이 일반화되어 있으며, 일반교육 과정 가운데서도 고등교육 분야 사설 교육기관이 증가하고 있다. 이들 사설 교육기관은 학생들의 등록금으로 거의 운영된다.

해가 갈수록 해외 교육기관의 인기가 높아지고 있다. 1993년 하버드대학이 호찌민시에 풀브라이트 경제학 프로그램을 들여와 베트남 기업의 중간관리자를 대상으로 시장경제에 관한 기초 지식과 공공정책을 전수해오고 있다. 현재 베트남에는 로열 멜버른 공과대학교(호주)와 브리티시 유니버시티 베트남, 켄트국제대학교, 베트남 아메리칸대학교, 베트남 도쿄보건대학교가 있으며, 최근에는 베트남 풀브라이트대학교가 개교했다. 일부 베트남 대학교는 해외 대학교와 교류프로그램을 마련해서 학생들이 졸업 학년을 미국, 영국, 호주, 뉴질랜드 대학교에서 이수할 수 있게 한다. 현재 베트남은 연간 10만 명 이상의 유학생을 해외로 파견하고 있다.

군 복무

모든 신체 건강한 베트남 남성은 군 복무의 의무를 진다. 입대 통지서가 전달되는 시점은 18세부터 27세 전이지만, 일단 17세 (자원하는 경우 16세도 가능)가 되면 입대 등록을 마쳐야 한다. 여성도 군 복무를 자원할 수 있다. 해마다 약 100만 명 정도의 젊

은이가 입영 대상자가 된다. 과거 재통일을 이룬 베트남이 (캄보디아와의 전쟁으로 인해) 다시 전쟁에 휘말렸을 때 강제징집이 보편적으로 이루어졌다. 물론 자원입대를 유도하려는 시도도 있었다. 자원입대자의 경우 전쟁이 끝나고 민간인이 되었을 때 승진이나 취업에 유리한 기술훈련 기회를 제공하겠다고 약속한 것이다. 공공부문 근로자는 공산당 당원이면서 군 복무를 마쳤다면 아무래도 승진에 유리한 건 사실이다.

베트남 인민군PAVN, People's Army of Vietnam으로 복무하는 것은 매우 영예로운 일로 간주된다. 하지만 오랜 세월 많은 남부인들이 그들의 정치적 배경이 미심쩍다는 이유로 군 복무를 거부당했다. 이제 과거에 비해 훨씬 평화로운 분위기가 정착되면서 (비록 필요한 병사 수를 최대한 충원하기 위해 지역별로 할당제를 시행하고는 있지만) 강제징집 대신 자발적이고 선택적인 입대문화로 변화하고 있다.

베트남 가정 방문하기

베트남에서는 대개 집으로 쉽게 초대하지 않기 때문에 "저녁

먹으러 오세요"라고 초대받는 기회가 매우 귀하다. 초대에 응하기에 앞서 베트남의 현재 상황을 인식하고 이들이 생활수준을 높이기 위해 얼마나 애쓰고 있는지를 조금이라도 이해하려는 자세가 필요하다.

베트남인들은 손님 접대를 기쁜 마음으로 할 뿐 아니라 그럴 기회를 누군가가 방해하는 것을 좋아하지 않는다. 어려운 형편이지만 자기가 가진 돈에 지인의 돈까지 동원해 체면을 유지하려는 경우도 있다. 아무리 그렇더라도 비용을 함께 부담하겠다는 제안은 절대 금물이다. 그저 다음 기회에 좋은 음식

점에 데려가 답례를 하면 된다.

물론 처음 만난 사람을 집에 초대할 가능성은 희박하다. 따라서 무턱대고 집을 방문하고 싶다고 집요하게 요청하는 것은 적절하지 않다. 가장 좋은 방법은 베트남인이 먼저 초대를 하도록 주도권을 넘겨주는 것이다. 초대를 해도 되겠다고 느낄 만큼 그가 당신을 편안하게 느끼면 일이 한결 수월해진다. 베트남인의 관점에서 생각해보면 당신이 인간미 없는 음식점에서 또 한 끼를 해결하느니 아무리 누추할망정 그의 집에서 시간을 보내고 싶어 한다는 사실을 선뜻 이해하기 힘들 수도 있다.

꽤 친밀한 관계가 아닌 이상 초대받지 않은 상태에서 상대의 집을 불쑥 찾아가는 것은 현명하지 못한 처사다. 집 안이 지저분하거나 대접할 음식이 준비되어 있지 않을 경우 그가 당혹감을 느낄 수 있기 때문이다. 또한 점심시간이나 이른 오후에 불쑥 전화하는 것도 피하는 게 좋다. 이 시간에는 모두들 낮잠을 즐기기 때문이다.

【 좋은 인상을 주려면 】

초대를 받아 집을 방문할 때 반드시 선물을 들고 가야 하는 건 아니다. 하지만 그럴 생각이라면 그들이 쉽게 구할 수 있는 생필품 같은 것은 피해야 한다. 자칫 그들의 형편이 어려워 사다 주는 것 같은 인상을 줄 수 있기 때문이다. 베트남인들은 외국에서 온 물건은 무엇이든 좋아하는 편이다. 물론 비싼 물건일 필요는 없다. 그리고 아이들 선물을 준비할 때는 각자 하나씩 따로 포장해서 줘야 한다. 한 가지 기억해둘 것은, 이들은 포장된 선물을 받더라도 대개 손님이 있는 자리에서는 포장을 풀어보지 않는다는 것이다. 예의에 어긋난다고 생각하기 때문이다.

초대한 사람이 당신을 직접 호텔까지 데리러 올 수도 있지만, 만약 혼자 찾아가야 하는데 위치를 정확히 모른다면 미리 한번 가보는 것도 안전한 방법이다. 교통상황 등을 고려해 시간에 맞춰 도착할 수 있으려면 말이다.

【 집 안에 들어선 후의 에티켓 】

일단 집 안으로 들어간 다음에는 집주인이 내온 차를 마시는 게 좋다. 혹 별로 좋아하지 않더라도 그렇게 해야 한다. 차를 접대하는 것은 집에 온 손님을 환영하며 그를 존경한다는 의미를 담고 있다. 내키지 않으면 그저 몇 모금만 마셔도 상관없다. 손님이 차를 다 마시면 집주인은 대개 빈 잔을 다시 채워 준다. 식사 전에 간단한 스낵이 제공되지만, 이것으로 배를 채우지 않도록 한다. 앞으로 나올 음식이 많기 때문이다.

예전에 비하면 가족 내 서열을 중시하는 전통은 많이 약화되긴 했지만 그래도 신경을 쓰는 게 좋다. 나이가 가장 지긋해 보이는 사람에게 먼저 인사를 한 다음 나이에 따라 차례로 인사를 건네는 것이 현명하다. 인사법에 대한 내용은 9장을 참고하라.

[식사 예법]

식사 예법에 관해서는 다음 장에서 좀 더 자세히 다루겠지만 가족 식사에 초대받았을 때 몇 가지 알아둘 것이 있다.

일단 초대한 사람이 당신이 앉을 자리를 알려줄 때까지 기다려야 한다. 물론 그 장소에서 가장 편안한(외풍과 부엌의 음식 냄새로부터 가장 멀리 떨어진) 자리를 당신에게 내어줄 게 분명하다.

만약 중국식으로 차린 밥상이라면 일단 중앙의 큰 그릇에 담긴 음식을 개인 그릇에 덜어 와서 먹어야 한다. 그렇지 않고 곧장 큰 그릇에 젓가락을 대고 가져다 먹으면 결례를 범하는 것이다.

혹시라도 안주인이 당신이 좋아하지 않는 음식을 접시에 덜어주더라도 어지간하면 그냥 먹는 게 좋다. 특정 음식, 이를 테면 닭의 머리나 발 부위 등은 진귀한 음식으로 여겨지므로 당연히 손님에게 먼저 권한다. 이런 상황에서는 어느 정도의 융통성 발휘할 필요가 있다(가장 맛있는 부위를 당신에게 양보한 것이란 점을 망각하면 곤란하다!).

대개 안주인은 새로운 음식을 내올 때마다 손님의 개인접시를 바꿔줄 것이다. 물론 접시가 비어 있을 때 그렇다. 그러나 마지막으로 내온 음식을 먹을 때는 다 먹지 말고 조금 남겨야 한다. 집주인이 음식을 충분히 준비한 덕분에 참석한 모든 이들이 만족스러운 식사를 했다는 표시로 말이다.

05

음식 그리고 음료

모험심이 강한 방문자라면 하노이나 호찌민시의 뒷골목을 찾아다녀 보는 것도 좋을 것이다. 운이 좋으면 아주 저렴한 가격에 베트남 정통요리를 파는 맛집을 발견할 수 있다. 그런데 이런 곳에서는 의사소통에 어려움을 겪을 수도 있다. 하지만 옆자리에 앉은 손님이 먹는 음식을 잘 봐두었다가 손가락으로 가리키면 큰 문제는 없을 것이다.

외부의 영향

베트남 요리는 그들만의 고유한 스타일을 보유한 동시에 인접 국가의 영향을 꽤 많이 받은 편이다. 이미 수 세기 전부터 중국의 영향을 받아 기름에 볶고 튀기는 조리법과 젓가락을 사용했는데 이는 특히 북부의 요리문화에 깊이 뿌리내렸다. 반면 남부는 역사적인 이유로 캄보디아와 태국, 인도의 영향을 더 많이 받았다. 동일한 식재료를 사용하더라도 남부의 음식이 북부에 비해 더 섬세하고 덜 매운 편이다.

죽순이나 두부, 연근과 연밥, 콩나물, 배추, 공심채, 케일 같은 식재료는 다른 아시아 국가를 여행해본 사람이라면 아마 익숙할 것이다. 그러나 베트남 음식은 여러 가지 신선한 허브를 사용해 독특한 풍미를 자랑한다. 또한 싱싱한 재료를 사용하고 지방을 최소한으로 제한하기 때문에 건강에 좋은 음식이라는 평을 받고 있다.

[프랑스의 영향]
식민통치 기간에 프랑스인들은 이 나라에 갓 구운 맛있는 빵을 유산으로 남겼다. 방금 구워낸 바게트 속에 샐러드, 현지식

파테(고기나 간을 갈아 반죽한 뒤 익힌 프랑스 음식-옮긴이), 치즈 등을 넣어 먹는데, 특히 아침에는 버터와 잼을 곁들인다. 이것은 맛있고 저렴한 한 끼 식사로 손색이 없다. 아무리 작은 동네라도 바삭한 롤빵에 간 돼지고기와 허브 양념을 곁들인 샌드위치를 파는 노점상을 쉽게 찾을 수 있다. 크루아상도 아침식사로 인기 메뉴다.

베트남은 전국적으로 커피 사랑이 유별난데 특히 남부에서는 작은 잔에 드립커피를 내려 마시는 것이 인기다.

외식

베트남에서 외식은 하나의 일상이 되어 있다. 특히 근래엔 맞벌이 부부가 많은 데다 집이 비좁아 많은 수의 손님을 접대할 공간이 부족하기 때문이다. 베트남 음식을 제대로 맛보려면 규모가 좀 있는 연회를 여는 것도 좋은 방법인데, 맛과 식감, 조리법이 다른 다양한 음식을 주문해 식탁 한가운데에 놓고 함께 맛을 볼 수 있다.

서구인들은 베트남에서도 일본처럼 식사 때 밥이 함께 제

공된다고 생각하기 쉽다. 그러나 베트남에서는 중국과 마찬가지로 식사가 다 끝날 무렵이 되어서야 밥을 내온다.

길가 옆 가판대에서 육수에 국수를 넣어 파는 영세한 쌀국수 가게(많은 베트남 주민들이 이곳을 이용한다. 특히 북부지방의 경우 그렇다)부터 부유한 내국인과 외국인 관광객을 겨냥한 화려한 레스토랑에 이르기까지 음식점의 수준은 꽤 다양하다. 쌀국수의 육수는 대개 소꼬리나 쇠고기를 끓인 국물을 사용한다. 여기에 다양한 향신료와 허브를 듬뿍 곁들이는데, 으깬 고추, 생

강, 계피, 팔각 등이 들어간다. 북쪽 지방에서는 익히지 않은 쇠고기를 얇게 썰어 올리기도 한다.

뷔페식으로 차려놓은 레스토랑이나 호텔도 꽤 많다. 이런 곳은 대개 베트남의 각 지역별 음식을 다양하게 맛보려는 관광객을 대상으로 하기 때문에 지역색이 지나치게 도드라지지 않게 적당히 맛을 조절한다. 반면 한두 가지의 특화 메뉴만을 비싼 가격에 제공하는 맞춤형 음식점도 있다. 이 밖에도 전 세계에 널리 퍼져 있는 패스트푸드점을 비롯해 수많은 서구식 음식점이 존재한다.

　모험을 즐기는 사람이라면 하노이나 호찌민 뒷골목 구멍가게 같은 식당에서 저렴하게 사 먹을 수 있는 현지 음식도 맛볼 만하다(아니, 꼭 맛봐야 한다). 이런 곳에서는 의사소통이 살짝 힘들 수 있지만, 그럴 때면 옆좌석 손님이 먹고 있는 음식을 손으로 가리키면 된다. 손님 회전율이 높고 사람이 많이 몰려 있는 음식점을 찾도록 하라.

【인기 메뉴】

테이크아웃 중국 음식에 익숙한 사람이라면 베트남식 스프링롤(북부에서는 '넴', 남부에서는 '짜조'로 불린다)을 좋아하지 않을 수 없을 것이다. 새우살과 버미첼리(실처럼 가느다란 국수-옮긴이), 다진 양파, 버섯으로 속을 채운 튀긴 만두인데 중국식 만두보다 가늘고 섬세하다.

　아무래도 닭과 돼지를 사육하는 농가가 많다 보니 이 두 가지 고기로 만든 요리가 많다. 반대로 쇠고기 요리는 가격이 비싼 편이다. 그러나 지난 수년간 치명적인 조류독감이 유행하면서 닭의 개체수가 심각한 수준으로 감소했다. 육류 요리를 먹으려면 손님이 직접 구워 먹을 수 있는 음식점을 찾아가는 게 안전하다. 숯불에 고기를 구워 먹을 수 있는 데다 양상추, 양파, 민트, 바질, 파슬리, 고추 등 채소도 듬뿍 맛볼 수 있다. 서구에서 온 방문자라면 베트남에선 중국에서처럼 닭의 뼈, 연골, 그 외에 온갖 아리송한 장기를 모두 먹는다는 사실을 알아둬야 한다. 사실 서구에서라면 먹지 않고 버렸을 부위인 닭발 같은 것은 이곳 현지인들에게는 별미 중의 별미로 꼽힌다.

특히 북부지역의 겨울철 인기 메뉴는 다른 곳에서 '스팀보트'나 '몽골리안 핫팟'으로 알려진 음식으로 북부식 명칭으로는 '러우'라고 한다. 커다란 솥에 양념한 육수를 가득 채워 숯불 화로 위에 올리고 고기와 채소를 넣어준다. 요리사가 넣어주기도 하지만 먹는 사람이 직접 넣어 먹을 수도 있는데 고기뿐 아니라 해산물을 넣기도 한다.

베트남은 지형상 해안을 길게 끼고 있을 뿐 아니라 강도 많아서 해산물이 풍부하고 값도 싼 편이다. 대하나 갑오징어, 게가 맛있는데 특히 식당에 달린 수족관에서 직접 골라 요리를 주문하면 더욱 맛이 좋다. 장어도 인기 메뉴다. 해산물 요리 중 가장 인기 있는 것 중 하나는 허브인 딜과 생선을 함께 넣어 만든 요리인 '짜까'다.

호찌민시는 역사적으로 베트남 제일의 미식 도시로 이름이

나 있는데, 지금까지도 그 위상을 유지하고 있다. 물론 하노이
도 이 부분에서 많은 발전을 이루었다. 남부지역은 날씨가 후
텁지근하다 보니 외식을 하는 이들이 많다. 이른 아침 길거리
에서 파는 '쏘이'(찹쌀 밥)로 시작해서 다음으로 국수 요리를 먹
은 다음, 따뜻하고 신선한 두유 한 잔으로 목을 축이면 아주
그만이다.

점심으로는 벤탄 시장의 음식 가판대 중 한 곳을 골라 새
로운 경험을 해보는 것도 재미있을 것이다. 이를테면 '분보후

에'(후에식 매운 쇠고기 쌀국수)나 '미꽝'을 먹어보면 어떨까? 미꽝은
강황 빛깔의 납작 면과 돼지고기, 새우, 구운 라이스페이퍼, 신
선한 허브, 여기에 저민 돼지고기로 만든 소스를 곁들여 먹는
요리다. 디저트로는 코코넛 밀크와 바나나로 만든 푸딩이나 과
일 요리, 만두 등을 맛보면 좋다.

　밤이 되면 왠지 예감이 좋은 뒷골목을 누비며 '반쎄오'(쌀가
루로 만든 크레페)를 파는 자그마한 노천식당을 찾아가 보는 것도
괜찮다. 이것은 아주 얇고 바삭한데, 뜨겁게 달구어진 웍 안쪽

면에 반죽을 부어 만든다. 하얗게 연기가 피어오르고 맛있는 냄새가 퍼지면 벌써 입안에 침이 고인다. 반쎄오는 전통적으로 새우와 돼지고기로 속을 채우지만 이 외에도 다양한 육류와 채소를 배합해 얼마든지 새로운 조합을 만들 수 있다. 이 음식을 전통적인 방식으로 즐기고 싶다면 크레페 한 조각을 떼어낸 다음, 양상추(혹은 겨자 잎)와 허브에 싸서 느억 맘 소스에 찍어 먹으면 된다.

【 느억맘 소스 】

베트남에서는 식사 때마다 칠리 소스와 간장 소스를 비롯해 다양한 소스가 제공된다. 그러나 그중에서도 절대 빠지지 않는 게 있다면 바로 느억맘 소스라 할 수 있다. 느억맘은 실제로 생선을 주재료로 만든 베트남 고유의 소스로 거의 모든 베트남 요리에 필수적으로 곁들여진다고 보면 된다.

느억맘에 사용되는 생선은 매우 다양하다. 먼저 생선을 소금에 절여 몇 달간 나무 용기에 담아 숙성하는 과정을 거친다. 숙성기간이 길수록 소스의 품질이 좋아지고 그만큼 가격도 비싸다. 아무것도 넣지 않은 그대로를 사용하기도 하지만 느억맘에 마늘, 고추, 설탕, 식초, 신선한 라임즙을 더한 느억쩜도 있다. 잘 숙성된 고품질의 느억맘인지를 확인하려면 빛깔을 보면 된다. 진한 갈색빛을 띤다면 분명 제대로 된 느억맘이 아니다. 최상급 느억 맘은 거의 기름에 가깝고 빛깔도 연한 노란빛을 띤다.

【 주류와 식수 】

식사 때 곁들이는 술의 종류는 꽤 다양하다. 해외 유명 브랜드의 맥주를 라이선스 계약을 통해 베트남 현지에서 주조하는 경우도 흔하다. 베트남 국내 브랜드 중 남부에서 가장 널리 알려진 맥주는 '333맥주'이다. 이것은 폼알데하이드를 보존제로 사용하기 때문에 숙취가 꽤 심한 것으로 악명이 높다. 북부에서는 '하노이비어'가 가장 인기가 많다.

대도시에 머물고 있다면 생맥주, 일명 '비아허이'도 한번 마셔볼 만하다. 대도시의 서구화된 중산층 사이에서는 와인이 인기 있으며, 주로 칠레나 프랑스산 와인이다. 프랑스 식민통치 시절 프랑스인들에 의해 포도 재배가 시작되었는데 오늘날 베트남은 '달랏'이라 불리는 자체 품종을 생산해내고 있다. 이 명칭은 포도 생산지인 중부 고원지대에서 따온 것이다.

그 밖에 도수가 굉장히 높은 현지 술도 있다. 특히 '르어우

데'라 불리는 남부지방의 청주는 일본의 사케와 유사하며, 많이 마시면 다리에 힘이 풀리기 때문에 조심해야 한다. 북부지역에서는 이것을 '르어우 꾸옥 루이'(글자 그대로 하면 '나라 몰래 숨겨두다'라는 뜻)라 부른다. 과거에는 집집마다 불법적으로 술을 만들어 마셨기 때문에 이렇게 부른 것이다. 도시의 젊은이들 사이에서는 위스키가 인기인데, 주로 디스코장이나 바에서 마신다.

식수와 관련해서는 일단 호텔 밖을 벗어나면 조심해야 한다. 밀봉된 생수나 정수한 물, 미네랄워터를 마시는 게 안전하다.

관습

베트남인들이 구장(베텔)나무 잎과 열매를 씹는 관습이 생겨난 것은 수 세기 전으로 거슬러 올라간다. 오늘날엔 일부 농촌지역, 그중에도 주로 노인층에서만 이 관습이 유지되고 있다. 구장나무 잎을 씹은 사람은 하나같이 입가에 빨간 물이 든다. 오래된 의서에 따르면 이 잎을 씹으면 입안이 개운하고 좋은 냄

· 팁 문화 ·

베트남은 공식적으로는 팁을 주고받지 못하게 되어 있다. 그러나 현실적으로 이를 막기는 힘들다. 호텔 레스토랑에서는 서비스 요금을 부과한다. 대개 음식점의 계산서에는 정부에 내는 세금이 포함되어 있다. 일부 음식점은 신용카드로 계산하는 손님에게는 여기에 추가로 5~10%를 더 부과하기도 한다. 이 모든 추가요금을 알고 나면 팁을 후하게 주려던 마음이 수그러들 수밖에 없다.

그러나 현금거래만 하는 영세 음식점이라면 얼마 되지 않는 거스름돈은 그냥 팁으로 제공하는 것도 괜찮은 생각이다. 택시를 탔을 때도 마찬가지다. 사실 자신이 제공한 뛰어난 서비스에 대한 대가로 주어지는 약간의 팁을 이들이 굳이 마다할 이유는 없다(그리고 계속해서 좋은 서비스를 받고 싶다면 팁을 제공하는 것은 확실히 효과적인 방법이다).

새가 나며 화가 줄어들고 소화에 도움이 된다고 한다. 이것은 단맛, 쓴맛, 매운맛, 톡 쏘는 맛을 지니고 있다. 결혼 예식 때는 하객들을 위해 필히 구장나무 잎과 열매가 담긴 쟁반을 준비해두어야 한다. 장례식에서도 이것을 씹으며 슬픔을 달래기도 한다. 심지어 조상신의 제단 위에도 구장나무 잎과 열매를 올린다.

도시의 거리를 걷다 보면 나지막한 테이블 위에 유리그릇을 올려놓은 것을 흔히 볼 수 있다. 이 그릇 안에는 온갖 종류의 사탕, 구운 땅콩, 설탕으로 코팅한 케이크 등이 들어 있다. 그리고 이 옆에는 찻주전자와 컵이 담긴 쟁반이 놓여 있고, 테이블 주변에는 자그마한 나무 의자가 몇 개 놓여 있다. 이곳은 일종의 간이 찻집인데 아주 인기 있는 길거리 문화다. 차는 베트남 도시 주민들의 삶에 필수요소로, 이들은 이른 아침부터 늦은 밤까지 하루에도 여러 차례 반복해서 차를 마신다. 가정과 직장에서 마시는 것으로도 부족해 심지어 집과 일터를 오가는 사이에 찻집에 들리는 경우도 많다.

베트남인들은 갈증을 느낄 때마다 차를 찾는다. 이것은 여름이든 겨울이든 마찬가지다. 겨울에 따뜻한 차 한 모금으로 몸을 녹이고 나면 바깥의 매서운 추위를 이겨내기가 한결 수월하다. 따뜻한 차를 선호하는 북부와 달리 남부의 주민들은 얼음조각을 넣은 시원한 차를 좋아한다.

회식, 연회 그리고 접대

【 서먹함 깨기 】

베트남에서 비즈니스를 할 때 함께 식사하고 술을 나누는 것은 아주 중요하다. 현지 에이전트나 고객과 함께 저녁식사를 하는 것은 네트워크를 형성하고 관계를 돈독히 유지하는 데 도움을 준다. 이런 자리를 통해 상대를 파악하고 협상용 가면 뒤에 숨겨진 그의 인간적 면모를 발견할 기회를 얻을 수 있다. 또한 음식과 술은 아직은 서먹한 양측의 분위기를 부드럽게 만들어주기도 한다.

베트남은 일본 등과 비교해서 상당히 편안한 분위기에서 회식이 이루어진다. 다 함께 건배를 하거나 식사 후에 노래를 부르는 일도 흔하다.

회식 자리에서는 가급적 정치나 비즈니스에 대한 이야기는 피하고 가벼운 대화를 이어가는 게 좋다. 그리고 유머는 문화에 따라 오해의 소지가 있으므로 섣부른 농담은 차라리 하지 않는 게 낫다. 무엇보다 진실하고 우호적인 태도를 보여주는 게 중요하다.

회식 분위기를 어떻게 이끄느냐에 따라 양측의 갈등이 해

• 노래 실력도 중요하다 •

오랜 기간 아시아 여러 나라에서 살아본 경험에 따르면, 아시아 국민들은 대부분 노래를 잘하고 애창곡도 꽤 많다. 때문에 서구인이 이들과 어울리다 보면 노래 실력이 부족하거나 가사를 제대로 기억하지 못해 창피를 당하는 일이 종종 벌어진다. 나 역시 당혹스러운 상황을 여러 번 경험했다. 이를테면 나를 초대한 현지인들이 멋진 테너 음색으로 전통 사랑가를 여러 곡 부른 다음에 내 차례가 되었을 때 나는 고작 "You are my sunshine, my only sunshine…" 따위나 읊조렸으니 말이다. 그 일이 있은 뒤 절박해진 나는 결국 현지 노래 한 곡을 외우는 데 성공했고, 나중에 그 노래를 불러 좌중의 환호를 받을 수 있었다.

소되고 합의를 쉽게 도출할 수도 있다. 이를테면 진행 중인 프로젝트의 성공을 기원하며 건배를 한다든지, 베트남에서의 생활에 대해 만족감을 표현해보라. 또 그들과 함께 일할 기회를 얻어 기쁘게 생각한다는 뜻을 전해도 좋다. 보통 이런 식의 건배사를 한 당사자는 먼저 박수로 분위기를 이끄는 게 관례다.

명심해야 할 사항은 식사 중 흡연이 공공연하다는 것이다. 레스토랑이나 바는 법적으로는 금연장소지만, 강제되는 경우는 거의 없다.

【건배】

코냑이나 위스키가 나오면(식사 중 아무 때나 나올 수 있다) 일단 건배를 한 후 마시는 게 관례다. 보통 한 사람이 선창을 하면 다른 사람들이 나머지 건배사를 이어서 제창한다. 가장 흔한 건배사는 "못짬펀짬^{Mot tram Phan tram}(원 샷!)"과 "쭉슥쾌^{Chuc suc khoe}(건강을 위하여!)"다.

【초대에 대한 답례】

비즈니스 관계가 아니더라도 현지인의 집에 식사 초대를 받았다면 답례로 좋은 식당을 잡아 식사를 대접하는 게 예의다. 당신이 만약 이런 자리를 마련하는 당사자라면 자리 배치에 특별히 신경을 써야 한다. 서열이나 연령에 따라 예우를 해줘야 하는데 자리 배치가 잘못되면 곤란하기 때문이다. 또한 새로운 요리가 코스별로 제공될 때마다 초대한 이들에게 음식을 권하는 게 예의다. 잔이 비워져 있는지 살폈다가 상대가 선호하는 음료나 술로 채워줘야 한다.

【 초대와 관련한 준비 사항 】

여러 단체나 기관에서 다양한 손님을 초대하는 비교적 중요하
고 큰 규모의 연회를 준비해야 한다면 초대할 사람들에게 직
접 전화해 당신이 보낸 초대장을 받았는지 물은 뒤 참석 여부
를 확인하는 게 좋다. 왜냐하면 아직까지 베트남 사람들은 초
대를 받고도 상대에게 참석 여부에 관한 확답을 해주는 일에
익숙하지 않기 때문이다.

공식 연회를 맡아 진행해야 하는데 심지어 처음 해보는 것
이라면, 베트남 현지인에게 조언을 구하는 편이 현명하다. 이
를테면 어떤 음식점을 선택해야 할지, 좀 과하게 준비하는 것
이 손님들에게 좋은 인상을 줄지, 아니면 오히려 그들에게 부
담을 줄지 등을 물어보라(비즈니스 회합인지 아니면 현지 가정과 갖는
가벼운 자리인지에 따라 준비 수준에 차이를 둬야 한다). 덧붙여 어떤 요
리와 술을 주문하는 게 좋을지, 좌석 배치는 어떻게 해야 할
지에 대해서도 물어두면 좋다.

식사 예절

만약 주빈 자격으로 초대를 받았다면 초대한 이들은 당신을 마치 어린아이 다루듯 챙기려 들 것이다. 즉 당신에게 직접 음식을 덜어주거나 그 정도는 아니더라도 최소한 모든 요리를 가장 먼저 맛보는 특권을 누리게 해줄 것이다. 그러나 이런 호의의 단점은 정체를 알 수 없는 음식 혹은 외국인의 입맛에 맞지 않는 요리를 먹어야 할 상황에 처할 수 있다는 것이다. 그런데 비록 그런 상황에 직면하더라도 일단 용기를 발휘해 좋은 표정으로 그 음식을 먹어야 한다. 상대가 예의를 갖추고 호의를 담아 당신에게 건넨 음식이란 점을 잊어선 안 된다.

베트남식 식사를 한마디로 요약하면 '시식해보기'가 될 것 같다. 일단 새로운 요리가 나올 때마다 조금씩 맛을 봐야 한다. 어떤 특정 요리만 계속해서 먹는 것은 부적절하다는 소리다. 그리고 각각의 요리에 대해 좋은 시식 평을 건네고 조리과정에 대한 관심을 표현하라. 그 요리가 지역 특산 요리인지 등을 물으며 호기심을 표하는 것도 좋다.

서구에서는 음식을 더 달라고 하면 자칫 무례한 행동이 될 수 있지만 베트남 등 아시아권에서는 더 먹고 싶다는 요청은 그 음식에 대한 만족감을 표현하는 것으로 받아들인다. 반대로 차려진 음식을 너무 조금밖에 먹지 않으면 당신이 다이어트 중이어서 그렇다 해도, 대접하는 사람은 음식이 맛이 없거나 식당과 메뉴 선정에 문제가 있어서 당신이 그런 반응을 보이는 것으로 오해할 수 있다.

06

여가생활

베트남인들은 특히 시를 사랑하는 민족이다. 시는 그들 내면의 가장 깊은 감정을 표현하고 자연과 동화된 그들의 삶을 묘사할 뿐 아니라 베트남의 역사와 관습, 문화를 생생하게 그려내는 도구라 할 수 있다. 오늘날 베트남의 시인들은 이러한 전통을 바탕으로 새로운 지평을 열어가고 있다.

베트남인들은 여가시간이 넉넉하지 않은 편이다. 며칠 되지 않는 국경일에 휴식을 취할 수는 있지만, 대개 설이나 추석 같은 전통 명절이 되어야 제대로 쉴 여유를 얻는다. 외식도 스트레스를 풀 수 있는 중요한 사회활동이다. 또 친척과 친구 집을 방문해 친교를 나누는 일도 이들이 즐겨 하는 여가활동이다.

최근엔 스포츠를 통한 여가활동이 늘고 있다. 국가대표 축구팀의 인기가 대단한데 남성 팀뿐 아니라 여성 팀도 있다. 또한 각종 무예나 농구, 배구 경기에 참여하는 인원이 부쩍 늘었으며, 체스를 두는 사람도 많다. 대부분 베트남인들은 이런저런 사회단체에 소속되어 있기 때문에 이런 곳에서 새로운 사람을 만나고 친교활동을 도모한다. 게다가 누구에게나 열려 있고 널리 사랑받는 이들의 풍부한 전통문화도 여가생활에서 중요한 몫을 담당한다.

베트남의 문화

【 음악 및 공연예술 】

베트남의 음악 및 공연예술 분야는 중국의 영향을 상당히 많

베트남에는 다양한 민족이 있어 많은 다양한 전통음악을 베트남 전역에서 접할 수 있다.
사진은 베트남 북부 마우차이 지방 연주자들의 모습이다.

이 받았다. 그러나 베트남인들은 거기서 한 걸음 더 나아가 그
들만의 고유한 형태를 발전시켰다. 오늘날 젊은이들은 이전 세
대에 비해 전통음악에 대한 관심이 부족하다. 그들은 대중음
악을 훨씬 더 선호하는데 기성세대 중에는 이런 현상을 안타
까워하는 이들도 있다. 베트남 전쟁이 끝나고 한동안 서구식
춤이 금지되었지만 현재는 볼룸댄스와 디스코가 다시 유행하
고 있다. 가라오케(노래방)는 베트남 사람들에게 매우 인기 있

베트남의 수상 인형극은 11세기까지 거슬러 올라간다. 사진은 하노이의 수상 인형극장에서 공연자들이 공연을 마친 후 관객들에게 인사를 하는 것이다.

는 오락거리다. 참여할 기회가 생긴다면 절대 놓치지 말기 바란다! 무척 재미있는 데다, 새로운 친구를 사귀기에도 좋다.

　베트남 전통 합주에는 다양한 현악기가 편성되어 있다. 그중에는 서구인에게 익숙한 것들도 있는데, 특히 중국을 방문한 경험이 있다면 그럴 것이다. 그러나 그 밖의 것들은 모두 베트남의 고유 악기다. 리듬악기도 있는데 전통공연에는 항상 북과 징, 뿔로 된 나팔 등이 등장한다. 북부의 전통음악은 생기가 넘치는 반면 남부의 음악은 감성에 호소하는 경향이 강하다.

베트남의 전통극은 중국의 경극을 본뜬 것으로 최대한 단순화된 형태로 표현한다. 심지어 무대배경이나 커튼, 특수조명조차 찾아볼 수 없다. 가구가 등장하는 경우가 있지만 이는 상징적 의미를 전달하기 위해서다. 극중 역할, 등장인물의 동작, 심지어 분장까지도 상당히 정형화된 형태로 제시하기 때문에 관객은 한눈에 어떤 극의 어떤 역할인지 알아볼 수 있다. 전통극의 대다수는 비극적인 전설에 기초한 것이지만, 북부에는 전통 희극도 존재한다.

전통극보다 서민적인 형태의 극장도 있다. 대개 베트남의 전통 가치를 찬미하고 서민의 일상과 밀접한 주제를 표현한다. 악기 구성이나 무대배경, 화려한 의상, 조명효과 면에서도 전통극보다 오히려 더 생생하고 흥미진진하다.

【냐냑】

냐냑('우아한 음악' 혹은 '의례 음악')은 베트남의 전통 궁정음악으로 즉위식이나 장례식 혹은 공식 연회 같은 연례의식이나 특별행사가 있을 때 연주되었다. 고도로 훈련된 궁중악사들이 참여하는 대규모 협주 형태인데 여기엔 복잡하고 정교한 궁중무용도 포함되어 있다. 모든 악사와 무용수는 정교한 디자인의 의상을 갖춰 입는다.

냐냑은 응우옌 왕조 시절 공식 궁중음악으로 자리 잡은 이후 왕실 의식이 있을 때마다 필수적인 역할을 담당했다. 초기엔 중국 명나라 그리고 나중엔 참 왕국의 문화적 영향을 받은 냐냑은 다양한 장르와 레퍼토리가 결합된, 상당히 즉흥성이 가미된 형태로 발전했다. 후에성의 주도에서는 오늘날까지도 이 음악을 연주한다. 2008년에는 유네스코가 '인류무형문화유산'으로 지정했다.

[문학]

베트남에서 처음으로 시와 산문을 짓기 시작한 이들은 승려였고 이들의 저작은 대개가 중국의 것을 모방한 것이었다. 그러나 구전문학에서는 베트남 고유의 전통이 계승되었다. 시간이 흐르면서 점차 중국의 영향은 사라졌다. 그러던 중 1527년, 포르투갈 선교사들이 들어와 라틴어를 사용해 베트남어를 번역하기 시작했다. 베트남어를 로마자로 표기한 '꾸옥 응으'는 17세기 프랑스 예수회의 알렉상드르 드 로드 신부에 의해 완성되었다. 봉건 정권은 1930년까지도 꾸옥 응으의 사용을 금지했으나 사용자 수가 워낙 많아져 결국 이전의 한자 표기 방식을 대체하게 되었다. 1945년 이후 꾸옥 응으는 베트남의 공식 문자가 되었다.

베트남인들은 특히 시를 사랑하는 민족이다. 시는 그들 내면의 가장 깊은 감정을 표현하고 자연과 동화된 그들의 삶을 묘사할 뿐 아니라 베트남의 역사와 관습, 문화를 생생하게 그려내는 도구라 할 수 있다. 오늘날 베트남의 시인들은 이러한 전통을 바탕으로 새로운 지평을 열어가고 있다.

베트남에서 가장 유명한 시를 남긴 주인공은 18세기 시인 응우옌 주다. 그는 3,254구절로 된 시에서 '투이 끼에우'라는 아리따운 소녀의 굴곡진 인생을 노래한다. 그녀는 가족을 구하기 위해 사랑하는 남자를 포기하고 악당과 결혼하는데, 남편은 그녀를 창녀로 만든다. 하지만 나중에 그녀는 비구니를 거쳐 마침내 성공한 혁명가의 아내가 된다. 이 시가 전하는 메시지는 '인간은 어떤 역경 속에서도 순수한 영혼을 간직해야 한다'는 것이다. 인기는 대단해서 베트남 국민의 영혼을 담아낸 시로 여겨질 정도다. 심지어 이 시구 중 하나를 무작위로 뽑은 다음 그것을 풀어 점을 치는 이들도 있다.

베트남 국민의 정신세계를 이해하고 싶다면 바오 닌[Bao Ninh],

응우옌 후이 티엡Nguyen Huy Thiep, 레 민 쿠에Le Minh Khue, 부 트롱 퐁 Vu Trong Phung과 같은 작가의 작품을 찾아보면 좋다.

【 전통공예 】

베트남 전쟁 당시, 이 민족은 그들이 시대의 요구에 걸맞게 얼마나 놀라운 창의력을 발휘하는지를 여실히 보여주었다. 가장 대표적인 것으로는 코카콜라 캔으로 만든 헬리콥터 기념품이나 뒷면에 황당한 영문 슬로건을 넣은 자수 재킷을 들 수 있다. 호찌민시의 거리에서는 아직도 이런 것들을 판다. 아울러 베트남의 전통공예가 활기를 되찾으며 가족이나 지인에게 줄 기념품을 찾는 이들에게 인기를 누리고 있다.

베트남은 전통적으로 금속공예가 발달해왔다. 이들은 특히 금에 대해 각별한 애정을 가지고 있는데 보석으로 세공하거나 세공하지 않은 상태로 간직하기도 한다. 사람들은 여러 가지 장식품을 만들거나 장기 투자의 목적으로 금을 선호한다. 또한 이들은 수 세기에 걸쳐 칠기공예를 발전시켜왔다. 주요 도시마다 다양한 품질의 칠기공예품을 파는 상점이 즐비하다.

도기제품도 인기 품목이다. 특히 베트남 전쟁 당시 사람들

은 이 나라의 특산품 하나 정도는 고국으로 가져가고 싶어 안
달이었다. 전통적으로 코끼리 모양 도자기, 가죽제품, 직물산업
이 발달해왔고 오늘날에도 어딜 가나 이런 제품들을 볼 수 있
다. 또한 베트남인들은 평범한 거북이 등껍질을 화려한 예술
작품으로 변신시키는가 하면, 동물의 뿔을 이용한 조각술에도
뛰어나다.

쇼핑

하노이에서는 대단히 인상적인 쇼핑 경험을 할 수 있다. 구시가지에 가면 미로처럼 좁은 골목길을 따라 전통시장이 들어서 있는데 '실크 거리', '금 거리' 같은 식으로 거래되는 품목에 따라 골목 이름이 정해져 있다.

베트남에서는 앞쪽은 통행로에 면한 상점이지만 뒤쪽은 가정집으로 된 소규모 가옥 형태가 흔하다. 때문에 거리마다 온갖 종류의 옷과 전기제품, 의약품, 전통 수공예품이 쏟아져 나와 있다. 아침부터 밤까지 수많은 보행자가 지나다니기 때문에 자동차 등의 교통수단이 이곳을 통과하기란 여간 어렵지 않다.

대도시라 해도 전통시장은 여전히 존재하기 때문에 다양한 시장을 구경하면서 상인과 흥정하는 재미도 쏠쏠하다. 하지만 남부를 중심으로 미니마트나 큰 쇼핑몰이 들어서면서 베트남

• 진품 확인 •

골동품 가게는 어디서나 쉽게 찾을 수 있지만 외국인이 골동품을 해외로 반출할 경우 문제 상황에 맞닥뜨릴 수 있다. 해외 반출이 금지된 보호대상 품목이 존재하기 때문이다. 그러나 좀 애매한 구석이 있는 것도 사실이다. 따라서 구매를 결정하기 전, 미리 현지 대사관에 구매 시점의 규정과 반출 가능/불가능 품목을 확인해보는 게 안전하다. 또 한 가지 신경 쓸 부분은 과연 해당 골동품이 진품인지 여부다. 다른 나라와 마찬가지로 베트남도 골동품 모조 산업이 상당히 발달해 있기 때문에 진품 확인서만 가지고는 안심할 수 없다. 이 확인서마저 위조되었을 가능성이 있다.

인들의 쇼핑문화에도 많은 변화가 일고 있다.

고정가격제가 확대되고는 있지만 여전히 물건값을 흥정하는 것이 관례일 뿐 아니라 심지어 쇼핑의 묘미로 인식되는 장소가 많다. 그러나 베트남인을 상대로 흥정을 하기란 결코 만만한 일이 아니다. 이들은 엄청난 인내심을 지녔을 뿐 아니라 상당히 기가 세다. 따라서 외국인이 이들과의 흥정에 성공하기란 무척 힘들다. 시간이 촉박하지 않다면 천천히 여러 가게를 둘러보면서 한 가게에서 흥정이 여의치 않을 땐 언제든 다른 가게로 갈 마음의 준비를 하는 게 좋다.

공식적으로 모든 거래는 현지 화폐인 '베트남 동'으로 이루어져야 한다. 그러나 외국 화폐, 특히 미국달러를 선호하는 상인이 많다. 간혹 환전을 제안하는 경우도 있는데 외국인 방문자에게 불리한 조건일 가능성이 높으므로 조심해야 한다.

관광 명소

수십 년에 걸친 전쟁으로 베트남의 오랜 명소 중 상당 부분이 훼손되었다. 하지만 가볼 만한 곳은 여전히 무궁무진하다.

【 호찌민시 】

호찌민시가 지닌 놀라운 매력은 시의 중심만 놓고 보면 과거 사이공 시절과 별로 달라진 게 없다는 점이다. 예전에 사이공은 세 방향으로 뻗어나간 대로와 멋진 상점들로 인해 '동양의 파리'라는 별칭을 얻었었다. 이 지역에 위치한 공공기관 건물 중 다수는 1900년경에 지어진 것으로 전통적인 프랑스 건축 양식으로 되어 있다.

'큰 시장'을 뜻하는 쫄론은 호찌민시 중심가와는 대조적인 모습이다. 한때 사이공의 쌍둥이 도시였던 이곳은 현재는 차이나타운으로 변모했다. 오래전부터 중국인 커뮤니티가 형성되었던 곳으로 하루 중 언제 방문하더라도 식사와 쇼핑을 즐기기에 훌륭한 장소다. 하지만 폐소공포증이 있다면 별로 권하고 싶지 않다.

끊임없는 일상의 소음과 어수선함에서 잠시 벗어나고자 하는 도시민들은 붕따우로 향한다. 붕따우는 호찌민시에서 남쪽으로 112km 정도 떨어진 곳으로 사이공강 입구에 있다. 이곳은 해안 리조트로 인기를 누리고 있지만, 이보다 약간 북쪽에 위치한 냐짱의 해변이 더 곱다고 말하는 이들도 많다. 또 인근 바다에서 석유시추작업이 진행 중이어서 아무래도 바다가좀

오염된 문제도 있다.

따이닌도 방문할 가치가 있는 곳이다. 또한 베트남 전쟁에 관심이 많은 사람이라면 구찌를 찾아가 보는 것도 좋을 것이다. 이곳은 호찌민시에서 약 64km 떨어진 곳으로 과거 베트콩이 파놓은 땅굴을 정교하게 복원해놓았다. 구찌 터널을 찾는 관광객은 직접 터널의 좁은 미로를 기어서 통과하는 체험을 해볼 수 있다. 전쟁 당시 미군의 공격을 피해 답답하고 좁은 터널의 미로에 갇혀 지내야 했던 베트콩 게릴라군의 삶을 체험하는 기회가 될 것이다. 과거 비무장지대 근처인 꽝찌성의 빈목 터널도 일반인에게 개방되어 있다. 심지어 전쟁 당시 라오스와 캄보디아 국경을 따라 북측의 전쟁 물자를 남으로 실어 나르던 전설의 정글 병참 루트인 호찌민 루트의 일부도 현재는 관광 명소가 되었다.

【 메콩 삼각주 】

호찌민시를 출발해 메콩 삼각주로 떠나는 여정은 여러 가지가 있다. 자동차를 빌려도 되지만 좀 더 모험가적인 여행객이라면 연이어 버스를 갈아타고 가는 방법을 선택해도 좋을 것이다.

메콩 삼각주는 남베트남의 곡창지대일 뿐 아니라 망고, 망

메콩강 델타 지역의 현지 교통수단

고스틴, 람부탄 같은 열대과일의 보고다. 이 지역은 논과 채소밭, 민가, 운하와 수로, 배를 타고 물건을 팔러 다니는 상인 등이 어우러져 하나의 독특한 풍경을 만들어낸다. 껀터시에서 크루즈를 타고 메콩강을 따라 캄보디아 북서쪽의 시엠리엡까지 내려가면 앙코르와트 사원을 방문할 수 있다. 메콩 삼각주는 마르그리트 뒤라스의 유명한 반자전소설 『연인』의 배경이 되기도 했다. 이 소설은 장 자크 아노 감독에 의해 동명의 영화

푸꾸옥섬 해안선 위로 뻗어 있는 케이블카

로 제작되기도 했다.

【섬】

남부에는 두 개의 큰 섬이 있다. 타이만의 푸꾸옥은 크기가 싱
가포르와 비슷하다. 이곳은 모래해변은 물론 중심부에 정글을
지닌 아름다운 섬이다. 푸꾸옥은 피시 소스(느억 맘)와 후추 생
산지로도 유명하다. 관광객들은 낚시를 하거나 산호초 사이에
서 스쿠버다이빙을 즐기고, 민가가 있는 작은 섬에서 휴식을

취하기도 한다.

　남동부의 먼 바다에 위치한 꼰다오 다도해는 한때 죄수들의 유형지였다. 처음엔 프랑스가 정치범을, 나중엔 미국이 베트콩 군인들을 데려다가 악명 높은 '호랑이 우리(콘크리트 구덩이에 천장을 쇠창살로 막아놓은 감방)'에 감금한 뒤 고문을 했던 장소다.

　오늘날 꼰다오는 수려한 자연경관과 모래해변, 그리고 세상과 동떨어진 느낌을 자아내는 리조트 덕분에 관광객들에게 사랑을 받는 명소가 되었다.

다낭의 바나힐에 있는 골든 브릿지

【 서부 고원지대 】

서부 고원지대의 해발 1,500m 높이에 달랏이 위치하고 있다. 이곳은 항공기를 이용해 찾아가는 게 가장 효과적이다. 달랏은 과거 황제와 엘리트 계층의 여름 휴양지였던 곳으로 소나무 숲과 시원한 산들바람이 평원을 지나온 고단한 이들을 반갑게 맞이한다.

고원지대에는 이 밖에도 꼰 뚬, 뿔래이꾸, 반메투옷 같은 흥미로운 도시들이 있다. 이곳에는 여러 소수민족들이 그들만의 독특한 문화를 고수하며 살아가고 있다. 코끼리 등반은 최근에 상당히 인기 있는 관광코스가 되었다.

【 중부 해안지역 】

베트남 전쟁 당시 미군의 최대 공군기지 중 하나였던 다낭은 멋진 해변과 맛 좋은 해산물로 유명하다. 또한 4세기에서 13세기에 걸쳐 참 왕국의 종교와 학문의 중심지였던 미선 유적지로 출발하기에 좋은 장소다. 다낭에 있는 참 박물관에는 고고학 발굴지에서 가져온 다양한 석상과 유물이 전시되어 있다.

베트남 중부의 대표 도시 '후에'는 황제들이 수 세기에 걸쳐 재판을 열었던 장소. 그러나 1968년 구정 대공세 기간 벌어진 전투로 도시의 많은 부분이 파괴되고 말았다. 1805년에 건축된 성채마저 훼손되었으나 나중에 복원되었다.

【 하노이 】

하노이는 주변에 매혹적이고 수려한 경관을 지닌 여러 호수가 있으며 홍강 삼각주와 이어져 있다. 이 지역은 치명적인 홍

하노이 쩐꾸옥 사원

수의 위협을 피하기 위해 강 주변에 제방을 쌓았다. 과거 도심 외곽이던 이곳은 이제 콘크리트 숲을 이루고 있다. 시장경제가 도입된 이후 도시의 경관이 많이 달라졌고, 정부는 무서운 속도로 성장 중인 이 도시를 규제하느라 골머리를 앓고 있다. 하노이에는 프랑스 식민통치 시절 세워진 멋진 건축물들이 여전히 남아 있다. 이들은 예전 프랑스식 빌라의 외관은 보존하되 내부를 고급 가정집이나 사무공간으로 현대화하기 위해 엄청난 노력을 기울여왔다. 하노이 도심 거리의 가로수와 호수

의 풍광은 보는 이에게 큰 즐거움을 준다. 직접 거닐며 만끽해볼 만한 가치가 충분히 있다.

호찌민 묘역은 한번 방문해볼 만하다. 호찌민은 자신을 기리는 웅장한 기념물을 세우는 것에 대해 강한 거부감을 드러냈으나 결국 그의 뜻은 관철되지 못했다. 한편 군사역사박물관을 방문해 베트남 전쟁 당시 남과 북의 전투상황을 베트남인들의 시각에서 살펴보는 것도 좋을 것이다.

【 북베트남 】

할롱만(하롱베이, 할롱은 '용의 굴'이라는 뜻)은 유네스코 세계자연유산에 등재된 곳으로 그동안 많은 이들이 그 아름다움을 글로 표현했다. 하노이 북쪽 바다인 이곳은 약 2,590km²에 걸쳐 수천 개의 크고 작은 섬이 펼쳐져 있다. 아마도 화산활동에 의해 만들어진 것으로 보인다. '용의 굴'이란 명칭은 엄청난 크기의 바다 괴물이 이 만을 드나들 때마다 조류의 변화가 일어난 데서 유래한 것으로 알려져 있다. 수 세기에 걸친 파도의 작

베트남의 자연과 문화 유산	
유네스코 세계자연유산	할롱만, 퐁냐께방 국립공원
유네스코 세계문화유산	후에 기념물 복합지구, 호이안 고대 도시, 미선 유적, 탕롱의 제국주의 시대 성채 중앙구역 - 하노이, 호 왕조의 요새
유네스코 세계복합유산	짱안 경관 단지
유네스코 인류무형문화유산	냐냑(베트남 궁정음악), 중부 고원지대의 공 문화 공간, 까 쭈(베트남 판소리) 가창, 호 박닌 민요, 푸동 사원과 속 사원에서 벌어지는 종 축제, 푸토성의 쏘안 가창, 푸토성의 훙 왕조 숭배 의식, 남베트남의 던 까 따이 뜨 음악과 가창, 세 영역을 관장하는 모신(母神)을 섬기는 비엣족의 신앙과 풍습
유네스코 세계기록유산	응우옌 왕조의 목판, 레 왕조와 막 왕조의 과거 시험 관련 석판 기록
세계지질공원	동반 카르스트 대지

용으로 매혹적인 형태의 섬이 무수히 만들어졌다. 피라미드나 탑, 기둥, 웅장한 아치, 포르티코(거대한 기둥을 받쳐 만든 현관 지붕 - 옮긴이) 형상 등 다양한 생김새에 따라 지역민이 붙여준 이름도 제각각이다. 원한다면 할롱만 크루즈를 이용하면 된다.

이 지역에서 가장 흥미로운 호텔인 '하롱 호텔'은 프랑스 식민 시절의 건축물로서 바다를 내려다보는 위치에 있다. 특히 프랑스 여배우 카트린느 드뇌브가 영화 〈인도차이나〉를 촬영하기 위해 몇 주간 이 호텔에 묵었다고 한다. 일반적으로 이 호텔에 묵으려면 대기자 명단에 이름을 올려야 한다.

하노이를 출발해 중국 국경 인근의 고산지대에 위치한 주요 관광 명소로 이어지는 도로는 특히 경관이 빼어나다. 이 길은 도중에 랑 선이나 까오 방 같은 고산 마을을 지나간다. 국경 근처의 매혹적인 고산 마을 사파의 주민들은 수 세기 동안 전통방식을 지키며 살고 있다. 이들은 대개 몽족, 자오족, 타이 고산족으로 이루어져 있다. 바로 이 마을을 기점으로 '인도차이나의 지붕'인 판시팡을 오를 수 있다.

07

여행, 건강
그리고 안전

용기 있는 여행자라면 장거리 버스를 타고 베트남 구석구석 흥미로운 지역을 누벼보는 것도 좋을
것이다. 단, 버스 안이 매우 혼잡하고 생각처럼 유쾌하지 않을 수 있다. 요즘은 에어컨이 구비된 유
람 버스를 이용하는 것도 좋은 방법이다. 승용차를 대여할 수도 있지만 가격이 무척 비싼 편이다.

베트남 일주

전국 각지를 여행하면서 모험을 즐기는 것도 해볼 만한 일이
다. 당국에서는 교통 인프라를 개선하기 위해 엄청난 노력을
기울이고 있지만 아직까지 육로를 통한 일주는 시간과 인내를
요하는 일이다. 국영 항공사가 운영하는 비행 노선이 다수의
주요 도시를 연결해주고는 있으나, 이렇게 편안한 방식으로는
다음에 열거한 여행의 묘미를 제대로 경험하기 힘들다.

【 철도여행 】

베트남 전쟁 당시, 위아래로 길게 뻗어 있던 북베트남의 철로
는 미군의 공습에 의해 심각하게 파괴되었다. 남베트남 역시
베트콩 공병부대에 의해 많은 교각이 무너졌다. 다행히 현재는
철로가 복원되어 하노이와 호찌민시를 연결하는 육로여행이
가능해졌다. 기차는 중간에 후에, 다낭, 나짱 등을 경유한다.
하지만 시원시원한 속도를 기대하면 곤란하다. 이 기차는 더디
지만 일정한 속도로 베트남 국토를 굽이굽이 지나간다. 하노이
에서 호찌민시까지 1,736km를 완주하는 데 무려 30~33시간
이 소요된다. 때문에 침대칸을 이용하는 게 좋다.

침대칸은 모두 4종이며, 일등칸은 에어컨이 되는 4인실, 이등칸은 에어컨이 되지 않는 4인실, 삼등칸은 에어컨이 되는 6인실, 사등칸은 에어컨이 되지 않는 6인실이다.

서구인의 기준으로 보면 베트남의 기차 운임은 믿을 수 없을 정도로 싼 편이다. 특히 2002년부터는 과거 외국인에게만 부과하던 높은 운임 체계가 폐지되면서 내·외국인 모두 동일한 요금을 내고 있다. 침대칸은 위에 언급한 구분법 이외에 침

대의 위치(맨 위, 중앙, 아래쪽)에 따라서도 요금이 다르다. 또한 침대칸뿐 아니라 좌석별 요금도 다르다. 구간에 따라 차이는 있지만 2~9세 어린이는 어른 요금의 절반만 지불하고 10세부터는 어른 요금과 동일하다.

【버스·승용차 여행】
용기 있는 여행자라면 장거리 버스를 타고 베트남 구석구석

하노이에서 호찌민으로 연결되는 열차는 하노이 구시가지를 지난다.

• 예약은 필수 •

기차로 여행하려면 반드시 좌석을 미리 예약해야 한다. 중간에 여러 지역을 경유할 생각이라면 각각의 기차표를 미리 예매해야 한다. 기차역을 직접 방문하지 않더라도 인터넷이나 여행사를 통해 예매할 수 있다. 열차 여행 관련 정보는 www.seat61.com, 승차권 구매는 www.baolao.com에서 하기 바란다.

시간적으로 여유가 있는 여행자라면 유럽에서 출발해 베트남으로 이어지는 기차여행을 해보는 것은 어떨까? 우선 모스크바로 가서 시베리아 횡단열차를 탄다. 그런 다음 다시 기차를 몇 번 갈아타고 북경까지 온다. 여기서부터 중국 남부나 남서부를 거쳐 마침내 하노이까지 가는 몇몇 루트가 있다. 중국 윈난 성의 쿤밍을 출발해 산악지대를 통과하는 루트는 경치가 놀라울 정도로 수려하다. 말 그대로 머리털이 곤추설 지경이다. 이외에도 태국, 말레이시아, 싱가포르까지 이어지는 국제선도 있다. 이 경우도 사전예매를 추천한다.

흥미로운 지역을 누벼보는 것도 좋을 것이다. 단, 버스 안이 매우 혼잡하고 생각처럼 유쾌하지 않을 수 있다. 요즘은 에어컨이 구비된 유람 버스를 이용하는 것도 좋은 방법이다. 승용차를 대여할 수도 있지만 가격이 무척 비싼 편이다. 따라서 꼭 필요한 경우에만 이용하는 게 좋다.

숙소

1990년대 중반까지만 해도 하노이와 호찌민시에는 국제적 수준의 호텔이 턱없이 부족했다. 그 후 많은 호텔이 지어졌지만 관광객이 그만큼 늘지 않으면서 빈방이 넘쳐나게 되었다. 베트남 현지의 힐튼, 메리어트, 인터컨티넨탈 같은 세계적 호텔은 유럽의 지점과 비교하면 저렴한 편이지만, 그래도 여전히 비싸다. 때문에 예산이 빠듯한 많은 여행객들은 이런 고급호텔보다는 소규모 호텔을 선호한다. 예전보다 자유로워진 경제환경 속에 이런 소규모 저가호텔이 여기저기 생겨나고 있다.

그런데 대도시의 땅값이 비싸다 보니 이런 소규모 숙박시설은 대개 좁은 부지 위에 세로로 높게 지어지는 경우가 많다. 보통 방 하나는 넓게, 나머지 두 방은 좁고 길게 되어 있으며 일가족이 운영한다. 객실 수가 넉넉하진 않지만 방마다 화장실도 딸려 있고 전화와 TV, 심지어 냉장고까지 갖추어져 있다. 단, 식사를 제공하지는 않는다. 하지만 호텔 밖으로 나가면 꽤 찮은 음식점을 쉽게 찾을 수 있으며, 손님을 위해 인근의 음식점에서 조식 등을 배달해 먹을 수 있는 서비스를 제공하는 경우가 많다.

온라인 예약 사이트가 생기면서 숙소 예약이 훨씬 쉬워졌으며, 가격별로 다양한 숙소를 선택할 수 있다. 에어비앤비를 통해 직접 취사 가능한 아파트나 민박을 합리적인 가격에 구할 수도 있다.

건강

【 건강관리 】

상식적인 선에서 조금만 주의를 기울인다면 심각한 건강 이상을 경험할 가능성은 거의 없다. 아주 외딴 지역에 한해 말라리아의 위험이 있긴 하지만, 대부분 지역에서는 집단 예방접종 덕분에 전염병에 걸릴 확률은 상당히 줄어들었다. 하지만 기본적인 예방접종은 미리 해두는 게 안전하다. 또한 여행 중에는 갑작스러운 위장장애나 가벼운 문제상황에 대비해 몇 가지 상비약을 지참하는 게 좋다. 아울러 평소에 복용하는 처방약

이 있다면 여행지에서 구하기 힘들 수도 있으니 미리 준비해 오는 게 현명하다.

수돗물 말고 병에 든 생수를 마시기 바란다. 베트남 음식은 대부분 신선한 재료로 요리하기 때문에 갑작스러운 복통이나 위장장애를 경험한다면 이것은 대개 박테리아 감염보다는 안 먹던 음식을 먹어서 그런 경우가 더 많다.

보건 수준이 향상되면서 정상 출산 건수와 기대수명이 증가하고 있다. 에이즈 퇴치에 큰 진전이 있었다. 예방조치에도 불구하고 조류독감은 반복적으로 발생하고 있지만, 대개는 살아 있는 조류와 직접 접촉하는 시골에 사는 사람들에게서 제한적으로 발병한다.

베트남의 수많은 인프라는 프랑스 식민통치 시절에 구축된 것이어서 교체시기를 한참 넘긴 상황이다. 일부 도시의 강과 호수는 말 그대로 열린 하수구라 해도 좋을 지경인 곳이 많다. 중금속을 비롯해 온갖 산업 오염물이 주민들의 건강을 심각하게 위협하는 수준이다.

대도시의 공중보건시설은 그나마 양호한 편이지만 그 외 도시지역은 상황이 그다지 좋지 않다. 게다가 도시를 벗어난 지역은 그런 시설이 아예 부재한 상황이다. 베트남의 병원은 대부분 식민 시절에 지어진 것들로 아주 기본적인 장비만 갖추고 있다. 정부에서는 기본 의료 서비스에 대해 의료보험을 적용할 계획을 하고 있지만, 현재로서는 환자가 치료비와 진찰비를 부담해야 한다. 단, 빈곤층은 면제 대상이다. 혹시 병원을 찾을 일이 생긴다면, 모든 주요 도시에는 상당히 높은 수준의 사립 병원들이 있으니 이용하기 바란다. 베트남을 방문할 때는 모든 상황에 대비할 수 있도록 종합의료보험에 가입하기를 권유한다.

【 기후에 따른 위험요소 】

사실 건강에 가장 큰 위험요소는 바로 베트남의 날씨다. 남부의 경우 아열대의 작열하는 태양은 비록 하늘에 구름이 덮인 상황이라 해도 금세 피부를 까맣게 태워버린다. 게다가 습도도 매우 높기 때문에 몸이 쉽게 지칠 수밖에 없다(이곳 사람들이 점심식사 후 낮잠을 즐기는 것도 이런 이유에서다). 자외선 자체도 상당한 위험요소이므로 가급적 눈과 뒷목을 모두 가릴 수 있는, 챙이 넓은 모자를 쓰고 다니는 게 안전하다.

습도가 높다 보니 땀을 많이 흘리게 되는데, 이로 인해 탈수현상이 일어날 수 있다. 따라서 매일 물을 많이 마셔야 한다. 베트남 중부의 일부 해안지역이나 북서부의 나지막한 계곡 지대에서는 퓐현상에 의한 고온건조 기후가 나타나 땀이 빨리 마른다. 그로 인해 몸의 수분이 부족하고 미네랄 균형이 깨져 쉽게 피곤을 느낄 수 있다.

베트남은 아열대 기후의 나라라는 이미지가 강하다 보니 북부, 특히 고산지대의 겨울이 상당히 춥다는 사실을 간과하기 쉽다. 고산지대에서는 동상뿐 아니라 폐렴과 기관지염 같은 호흡기질환에 걸리기도 쉽다. 또한 간절기가 되면 급격한 날씨 변화로 고혈압이나 심장마비 같은 성인병이 있는 사람에게 부정적인 영향을 미칠 수도 있다.

【약】

최근 다양한 연구를 통해, 오랜 세월 공존해온 세 가지 전통 의약방식을 하나의 통합된 이론으로 발전시키려는 시도가 이루어지고 있다. 전통방식 중 하나인 '투옥 박' 또는 '북부 의학'은 중국 한의학의 영향을 받은 흔적이 농후하다. 특히 음양의 상호작용과 조화가 중요하다는 믿음이 바탕에 깔려 있다. 우리 몸은 외부의 기운(힘)과 밀접히 연결되어 있기 때문에 인체 내부의 기능을 외부 환경에 조화롭게 맞추고 부정적인 방향으로의 변화에 맞서 몸의 방어능력을 키우는 것이 중요하다고 보는 관점이다. 따라서 질병을 내부와 외부, 그리고 육체적 기운과 윤리적 기운의 전반적 균형이 깨진 상태로 본다.

한의학과 마찬가지로 투옥 박을 시행하는 이들은 병을 진단하기 위해 문진과 더불어 환자의 상태를 직접 눈으로 살피고 귀로 확인하며 맥박을 재는 등 다양한 방법을 총동원한다. 정확한 진단을 위해 다음과 같이 확인한다. "이 병이 육체적 혹은 감정적 스트레스를 제대로 관리하지 못해 생긴 것인가? 아니면 계절 변화나 부적절한 식음료 섭취 등 외부적 요인에 의해 몸의 균형이 무너져서인가?" "병세가 가벼운가? 아니면 뿌리가 깊은 것인가?" "찬 기운과 연관된 질병인가? 아니면 더운 기운과 연관된 질병인가?" 그런 다음 이 과정에서 나온 진단 결과에 따라 발한, 가래 제거, 배변, 배뇨, 구토, 체온 감소, 체온 상승 등을 유발하는 약을 처방한다.

두 번째 전통방식은 '투옥 남' 혹은 '남부 의학'이라 불리는 것으로 베트남에 서식하는 토종 아열대 동식물에 대한 의존도가 매우 높다. 베트남 어디에서나 쉽게 구할 수 있는 현지 재료를 사용하며 최소한의 처리과정을 거친 약재를 사용한다. 이 방식을 활용한 다양한 민간요법이 세대를 거듭하며 전승되고 있다.

앞의 두 전통방식은 상당히 대중적이고 자연주의적인 데 반해 영적 치유법인 세 번째 방식은 다분히 종교적이고 심지어 주술적인 요소마저 내포하고 있다. 이것은 이른바 악령이 몸에 들어와 병을 유발하지 못하게 막는 방법이다. 이 방식을 시행하는 이들은 인간에게 세 가지 영혼이 있다고 믿는다. 이 중 하나를 잃으면 정신과 육체에 질병이 생기며 두 개를 잃으면 의식을 잃게 되고 세 개를 모두 잃으면 사망에 이른다는 것이다.

제1차(프랑스를 상대로) 그리고 제2차(미국을 상대로) 인도차이나 전쟁 기간, 제대로 된 의료 서비스가 부재한 상황에서 베트남 주민들 사이에 다양한 전통치료법이 되살아났다. 현재 베트남 정부는 위의 세 가지 전통방식 모두를 조화롭게 활용하기 위해 노력하고 있다. 이들은 각 전통방식의 장점을 살리고 여기에 서구의 의학지식을 접목해 베트남의 현재 실정과 발전 상태에 적합한 새로운 의학이론 체계를 정립해가고 있다.

치안

【 도로안전 】

베트남 전국 도로는 160,934km가 넘는다. 이들 대부분이 전쟁으로 피해를 입은 뒤 방치된 상태다. 또한 다리의 상태도 심각한 수준이다. 한동안 보수공사와 개선작업을 벌이기도 했지만 제대로 된 도로망이 갖춰지려면 좀 더 있어야 할 것으로 보인다.

대부분의 도로는 고속주행이 금지되어 있다. 그렇다고 해서 현지 운전자들이 이 규정을 잘 지킨다고 볼 수는 없다. 베트남에서 차를 운전하려면 기본적으로 한 발은 가속기에 단단히 올려두고 나머지 한 손은 계속해서 경적을 울리며, 앞을 가로막는 자전거와 오토바이 무리를 헤쳐나가야 한다. 심지어 이들 중 일부는 쌀을 비롯한 각종 농산물을 가득 실은 채 이동하거나 온 가족을 태우고 다니기도 한다(운전자인 아빠의 앞쪽으로 아이들이 타고 뒷좌석엔 엄마가 두 다리를 옆으로 점잖게 모으고 올라타 있다). 여기에 소달구지, 현지에서 만든 허술한 외관의 트랙터, 그 사이를 비집고 걸어가는 행인들까지 가세해 도로는 그야말로 아수라장이다.

뻥 뚫린 고속도로를 달리다 보면 대개 몇백 미터에 한 번 꼴로 무서운 속도로 돌진하는 트럭이나 버스를 보게 된다. 대부분 심각한 과적차량이어서 어처구니없을 정도로 차체가 기울어진 상태다. 아슬아슬하게 옆을 스쳐가는 이 차량과 충돌을 피하려면 마지막 결정적 순간에 정확한 판단을 내려야 한다. 길가에서 사고차량의 잔해가 심심찮게 발견되는 것을 보면, 이 정확한 판단이 그리 쉽지 않다는 사실을 실감할 수 있을 것이다.

【 범죄와 구걸 】

호찌민과 하노이 모두 비교적 범죄율이 높지만, 베트남은 여행하기 안전한 곳이다. 외국인을 대상으로 심각한 범죄가 발생하는 일은 드물다. 대부분 사소하거나 우발적으로 일어난다. 그래도 항상 조심해야 하며, 자신의 육감을 믿는 편이 좋다. 특히 하노이에는 사기가 빈발하기 때문에, 이를 피하기 위해서는 외국인의 현금을 갈취하는 최신 수법에 관한 온라인 정보를 항상 업데이트해야 한다.

하노이와 호찌민 중심가, 특히 대형 호텔 주변에는 소매치기가 많다. 이런 장소에는 외국인들도 많고 강도도 많이 모인다. 흔한 수법은 길가에서 한눈팔고 있는 보행자에게 오토바이가 덮치는 것이다. 한 명이 오토바이를 운전하고 뒤에 타고 있는 사람이 가방(간혹 손목시계)을 낚아채면, 오토바이는 빠른 속도로 혼잡한 곳으로 사라진다. 이런 일은 밤낮을 가리지 않고 일어난다.

베트남에는 자전거나 오토바이로 끄는 인력거인 3륜 택시를 흔히 볼 수 있는데, 밤에는 이용하지 말라고 권하고 싶다. 해코지를 당하거나, 목적지까지 합의한 운임보다 더 비싸게 바

3륜 택시는 인기 있는 교통수단이지만, 낮에만 이용하는 것이 안전하다.

가지를 쓰거나, 한가로이 도시 풍경을 감상하는 사이에 강도에게 넘겨지는 봉변을 당하는 경우가 있기 때문이다. 대체로 이들을 믿지 말라고 권하겠다.

도시민들은 절도 현장을 목격하더라도 눈을 다른 곳으로 돌려버리는 경향이 있다. 자신이 관여하기보다는 정부가 해결할 문제로 인식하는 것이다. 베트남을 단기 방문 중인 외국인이 절도를 당해 경찰을 찾아가 하소연을 해봤자 경찰관의 한숨 소리만 듣고 나올 확률이 높다. 그는 이 외국인이 베트남을 떠나고 한참 뒤에도 여전히 서류더미에 묻혀 미제 사건들로 골머리를 앓아야 하는 것이다.

베트남은 도시와 농촌을 막론하고 적극적으로 구걸하는 이들을 많이 만나게 된다. 이들의 요구는 때로 매우 집요하다. 다행히 세월이 많이 흘러 이제 전쟁으로 팔다리를 잃은 퇴역군인의 수는 많이 줄었다. 걸인들은 대개 거리 곳곳을 누비며 구걸을 하는데 10대 아이들, 구두닦이, 거리를 떼로 몰려다니는 어린아이들의 구걸은 견디기 힘들 정도로 집요하다. 이들은 기회만 있으면 언제든 당신의 주머니를 슬쩍하려 들 것이다. 물론 이런 문제는 대부분 가난이 원인이다. 최근 수년간 베트남 정부와 국제구호단체가 빈곤퇴치에 나서면서 빈곤층의 비율이 전체 인구의 10% 수준으로 떨어지긴 했다. 사실 아이들이 구걸하는 모습은 보는 이의 동정심을 유발한다. 하지만 대개 이 아이들의 배후에는 또 다른 누군가가 있기 때문에 당신이 적선을 해봐야 아이에게 돌아가는 몫은 거의 없다고 봐야 한다.

내가 해줄 수 있는 유일한 조언이라면 그저 사람이 많은 곳에서는 항상 조심하라는 것이다. 당연한 소리로 들릴 수 있겠지만 가급적 관광객 티를 내지 않는 게 좋다. 특히 돈이 많은 것처럼 보이면 곤란하다. 사실 다른 여러 나라와 비교한다면 베트남은 그나마 관광하기에 안전한 장소라고 볼 수 있다.

08

비즈니스 현황

베트남 경제의 전환점이 된 것은 새로운 당 지도부가 마르크스주의에 기초한 경제원칙을 포기하고 자유시장경제를 채택한 것이다. '개혁'을 뜻하는 '도이머이'라는 이 새로운 경제정책은 부를 창출하는 비즈니스를 적극 장려했다. 이 정책을 채택하면서 베트남 주민의 생활수준이 향상되었기 때문에 이를 반대하는 이들은 거의 없었다.

새 국면을 맞은 경제

통일을 이룬 베트남은 인구 밀도가 높은 가난한 나라였다. 수십 년간의 전쟁으로 인한 폐허와 구소련으로부터의 재정지원 상실, 경직된 중앙계획경제에서 회복해야 하는 과제를 안고 있었다. 1986년에서 1996년 사이, 극도로 낮은 출발점에서 시작한 베트남 경제는 엄청난 성장을 이루었다. 1993년부터 1997년까지 연 9%대의 평균 성장률을 기록하기도 했다. 이후 아시아 금융위기로 인해 일시적으로 주춤했다가, 2000년이 되어서야 다시 회복되기 시작했다.

2001년 공산당에 새 지도부가 선출되면서, 정부는 경제 자유화 공약을 재확인하고 경제 현대화와 경쟁력이 향상된 수출 상품 생산에 필요한 구조개혁을 단행했다. 2001년 말 미국과 베트남의 양자 무역협정이 발효되고, 2007년 1월에는 세계무역기구에 가입했다.

그 후로 베트남은 계속해서 발전을 이루었다. 연평균 6.5%의 튼튼한 경제 성장률을 기록하면서 베트남은 지역 내 가장 빠른 경제 성장을 이루는 국가가 가운데 하나로 계속해서 자리매김하고 있다. 일부 전문가의 분석에 따르면, 현재의 궤도가 유지될 경우 2029년이면 베트남의 경제 규모가 싱가포르를 능가할 수도 있다고 한다. 수출이 붐을 이룰 뿐만 아니라, 경쟁력 높은 노동비용 덕분에 해외투자가 성장을 계속하고 있다. 서비스 분야와 제조업, 건설 역시 번창 일로에 있다.

[도이머이를 통한 돌파구 찾기]

베트남 경제의 전환점이 된 것은 1986년 새로운 당 지도부가 중국의 선례를 따라 마르크스주의에 기초한 경제원칙을 포기하고 자유시장경제를 채택한 것이다. '개혁'을 뜻하는 '도이머이'라는 이 새로운 경제정책은 부를 창출하는 비즈니스를 적극 장려했다. 정부가 이 정책을 채택하면서 베트남 주민의 생활수준이 향상되었기 때문에 이를 반대하는 이들은 거의 없었다. 더불어 이 정책은 공산당에 대한 국민들의 불만을 잠재우는 효과까지 있었다.

중국에서도 그랬듯 새로운 경제정책의 핵심은 국영기업의 민영화에 있었다. 그러나 이 과정에서 정실인사와 엄청난 규모의 부패가 드러나면서 개혁에 흠집을 내고 말았다. 이후 세계은행의 엄중한 경고를 받아들여 베트남 정부는 몇몇 부처의 고위급 인사를 체포 혹은 직위해제하는 등 단호한 조치를 취

했다. 정부의 노력에도 불구하고 부패가 여전히 만연하여 더 이상의 발전에 걸림돌이 되고 있다.

투자 유치를 위한 노력

베트남 정부는 해외투자 유치를 위한 여러 조치를 실행했다. 2017년부터 통상산업부에서는 더 나은 투자와 비즈니스 환경

미국-베트남 양자 무역은 연간 700억 달러 이상으로 증가했다.

을 조성하기 위해 수많은 개혁을 단행했다. 덕분에 미래의 발전을 위한 분위기가 조성되게 되었다. 이는 최근 수년간 베트남이 전년 대비 70%의 해외직접투자 증가를 기록하는 이유이기도 하다. 물론 미국과 중국의 무역 전쟁이 여기에 일조한 것도 틀림없다.

하노이의 계획투자부는 해외투자청이 상법과 관련 규제를 만든다. 미리 정해놓은 일정 규모의 금전적 가치를 창출하는 사업에 대한 투자 승인을 해주기도 한다. 또한 경제 전반과 비즈니스 환경에 관한 일반 정보를 제공한다. 호찌민시의 투자기획국에서는 국가 차원에서 이미 확립된 투자 관련 법조항을 고수하며 하노이의 계획투자부가 진행하기에는 규모가 너무 작은 프로젝트에 대한 투자 허가를 내준다. 두 기관 모두 해당 투자 프로젝트가 베트남의 국가 개발 목표에 부합됨을 증명하는 투자허가서와 정부 공식문서를 발급해준다. 정부의 최신 계획과 법적 변동사항을 파악하려면 두 부처의 웹사이트를 검색해서 꾸준히 업데이트하는 것이 좋다.

투자허가서를 신청하려면 이를 뒷받침할 만한 서류를 함께 제출해야 한다. 이를테면 사업성에 관한 연구조사 결과나 신청 기업에 대한 자료, 기타 관련 서류 등이 필요하다. 일단 투자허가서를 발급받은 후 베트남 정부에서 요구하는 다른 절차(사업자 등록, 노동허가서 발급, 관련 규정 이행합의서 작성 등)를 밟아나가면 된다.

사실 그동안 베트남에 투자하려는 이들에게 가장 골치 아픈 문제이자 잠재적 금전 부담으로 작용해온 것은 허가서를 쉽게 발급해주지 않으면서 시간을 끄는 관료들이었다. 그러나 이제 정부는 새로운 서비스 체계를 도입해 이러한 문제를 극복하는 동시에 관료의 부패를 척결하려 애쓰고 있다.

비즈니스 현실

베트남에서 사업을 하려면 인맥과 그 인맥을 통한 추천이 매우 중요하다. 이런 의미에서 비즈니스 미팅은 꽤 중요하다. 어떤 일이든 일단 그 일을 추진하려면 사전 미팅이 필수적이다. 전화통화나 편지를 통한 소통보다는 만나서 얼굴을 직접 마주하고 대화를 나눠야 제대로 일처리를 해나갈 수 있다. 한편 이 과정에서 거래가 제대로 성사되지 않더라도 이를 법적으로 해결할 방법은 거의 없다. 그저 인맥을 넓혔다는 데 의미를 두

전반적으로 베트남에서는 격식에 얽매이지 않은 비즈니스 미팅이 이루어진다.

어야 한다. 사적인 미팅을 통해 양측은 상대방을 가늠하고 신
뢰감을 형성하며 서로를 좀 더 이해하는 기회를 만들 수 있다.
사실 중국과 일본을 비롯한 아시아 대부분의 국가에서는 항
상 이런 형태로 비즈니스가 이루어진다.

　베트남의 비즈니스 미팅은 격식을 심하게 따지는 일본이나
그보다 조금 덜한 중국에 비해 꽤 편안한 분위기에서 이루어
진다. 이 자리에선 보통 선물을 주고받는 게 관례다. 다소 딱

딱한 업무 미팅을 가진 다음 대개는 편안한 식사 자리가 이어진다. 술도 한잔하면서 긴장을 풀고 가족에 대한 이야기를 나누다 보면 서로에 대한 신뢰가 쌓이고 관계도 편안해진다. 결국 협상 분위기가 좋아질 수밖에 없다.

미팅 잡기

비즈니스 미팅과 관련해서는 무엇보다 적합한 상대를 만나는 게 중요하다. 초반에 엉뚱한 상대를 접촉해 나중에 거래가 어긋나 황당한 일을 겪는 경우가 비일비재하다. 이런 일을 당하지 않으려면 사전에 충분히 알아보고, 또 이미 베트남에서 사업을 하는 사람이나 믿을 만한 컨설턴트와 현지인에게 정보를 얻은 다음 진행하는 게 안전하다. 가능하면 믿을 만한 중재자를 내세워 약속을 잡거나 양측 모두가 아는 지인을 통해 서로에 대한 소개장을 받아보는 게 좋다.

소개가 제대로 이루어지지 못하면 상대는 당신을 비중 있는 사업 파트너로 인식하지 않거나 심하면 미팅 자체를 거절할 수도 있다. 그가 대기업을 대표해 미팅에 참석할 경우라도

• 무단복제 및 저작권 위반 행위 •

베트남에 투자를 하거나 무역거래를 하려는 외국인 투자자가 직면한 가장 심각한 문제는 바로 무단복제와 저작권 위반 행위일 것이다. '베트남 반(反)무단복제 및 상표보호연합'의 보고에 따르면 무단복제가 성행하는 제품군은 의류, 화장품, 의약품, 가전제품, 전기제품(특히 휴대전화), 시멘트, 음반 및 비디오, 오토바이 등이다. 과거에 베트남은 세계 최대의 소프트웨어 불법복제 국가로 여겨졌다. 하지만 이제는 상황이 조금씩(투자자들의 기대만큼 빠른 속도는 아니지만) 나아지고 있다. 2009년에는 설치된 컴퓨터 프로그램 가운데 85%가 복제품으로 추산되었던 반면, 2017년에는 이 수치가 74%로 떨어졌다.

불법복제가 국가의 해외투자 유치능력에 치명적이라는 사실을 인지한 당국은 이를 퇴치하기 위한 도전을 이어가고 있다. 불법복제 적발과 지적 재산권 보호를 담당하는 시장 감시부는 2018년 상반기에만 9만 건에 가까운 위반 사례를 적발하고 3억 2천만 달러에 달하는 벌금을 부과했다. 적발 사례 가운데 불법복제와 지적 재산권 침해가 5천 건 이상을 기록했다. 이는 2017년 같은 기간과 비교했을 때 2배 이상 증가한 수치다.

마찬가지다. 베트남에선 누구나 해외 기업에 대한 정보를 쉽게 구할 수 있는 게 아니기 때문에, 상대 회사의 입장에서는 중재자가 제공하는 정보가 없는 상황에서는 당신 회사의 명성이 어느 정도인지 파악하기가 쉽지 않다.

혹시 중재자의 소개 없이 미팅을 잡을 수밖에 없는 상황이라 하더라도 무턱대고 전화를 걸어 만나자고 하는 것은 바람직하지 않다. 가장 좋은 방법은 우선 당신 회사에 대한 정보를 곁들여 미팅 요청 서신을 보낸 다음 며칠 뒤 전화를 해보는 것이다. 제삼자의 추천이 없는 상황이거나, 중재자가 있는 상황이라 해도 상대방과 신뢰를 쌓고 실제적인 비즈니스 관계로 진행하기 위해서는 첫 미팅 이후 최소 몇 차례의 미팅을 더 가져야 할 확률이 높다. 상대방과 신뢰관계가 구축될 때까지 인내심을 갖고 기다려야 한다는 사실을 명심해야 한다.

베트남에서는 미팅 약속을 상당히 일찍 잡아두는 경우가 많다. 그런 다음 대개 약속일 일주일 전쯤에야 비로소 확답을 준다. 고위급 관료와 예정된 미팅일 경우 심지어 약속일 하루 이틀 전이나 그보다 더 급하게 확인 연락을 주기도 한다. 이렇게 촉박하게 미팅 확약이 이루어지기 때문에 외국인 투자자 입장에서는 급하게 이동 준비를 하느라 어려움이 있을 수 있지만 이것이 베트남의 현실이다.

만약 약속일이 다가오는데도 별다른 통보가 없다면 당신이 먼저 미팅 예정일 하루 이틀 전에 상대에게 연락해 날짜를 확인하는 게 좋다. 그리고 미팅 당일이 되면 약속시간 한두 시간 전에 다시 한번 전화해서 혹시라도 상대가 깜박 잊고 다른 스케줄을 잡지 않게 재차 확인시켜주는 게 좋다.

베트남 현지 경험이 풍부한 사업가들이 공통적으로 하는 조언은 미팅시간이 예상보다 훨씬 길어지는 경우가 많다는 것이다. 따라서 하루에 너무 많은 미팅 스케줄을 잡거나 시간을 빡빡하게 잡으면 곤란하다. 대체로 북부 사람들은 비교적 답변에 좀 더 신중하고 여러 가지를 살피는 경향이 있다. 이에 반해 남부의 사업가들은 결단력 있고 직선적인 편이다(남부의 비즈니스 진행과정이 더 역동적인 것은 아마도 이런 이유에서일 것이다).

일반적으로 미팅은 주중 오전에 잡는 게 가장 좋다. 오후엔 주로 행정업무를 처리하느라 바쁘고 주말은 대부분의 관공서가 문을 닫는다. 또한 상당수 정부 기관과 기업이 월요일과 금요일 오후에는 주간 미팅을 잡아두기 때문에 이 시간대에 약속을 잡기란 쉽지 않다.

【 옷차림 】

모든 비즈니스는 첫인상이 무엇보다 중요하다. 오늘날 베트남의 사업가들은 남북을 막론하고 스타일에 상당히 신경을 쓰기 때문에 상대방의 외모도 평가 대상이 될 수 있다. 인지도 높은 브랜드와 센스 있는 장신구를 착용하면 좋은 인상을 줄 수 있다.

미팅에서의 행동요령

미팅 자리에 가면 본격적인 대화를 시작하기 전에 먼저 자리에 동석한 모든 이들과 명함을 교환한다. 일본의 비즈니스 미팅에서처럼 지나치게 예의를 갖출 필요는 없다(일본인들은 양손으로 명함을 내밀며 깍듯이 고개를 숙인다). 그러나 명함 교환을 끝내고 바로 앉기보다는 상대편 수장이 착석할 때까지 기다렸다가 앉는 게 예의다.

그런데 이때 한 가지 주의할 점이 있다. 베트남에서는 그럴싸하게 만든 명함을 흔히 볼 수 있는데, 이 명함만 보고 그 회사가 이름 있는 회사라고 생각하거나 그 사람이 믿을 만한 사람이라고 단정 짓는 것은 위험하다. 또한 당신의 명함이 영어와 베트남어로 양면 인쇄된 것이라면 베트남어로 된 쪽이 위로 가게 해서 건네는 것이 좋다.

베트남에서는 미팅 석상에서 차를 마시는 것이 필수 코스다(생수나 탄산음료를 권하는 경우도 있다). 이때도 마찬가지로 상대편 수장이 잔을 들 때까지 기다렸다가 그다음에 마셔야 한다. 예의상 몇 모금 정도만 마시면 충분하다. 만약 남기지 않고 다 마시면 상대는 어김없이 당신의 잔을 다시 채워줄 것이다.

바로 본론으로 들어가려고 서두르는 모습을 보이지 않는 게 무엇보다 중요하다. 일단 상대편이 먼저 미팅 주제를 꺼낼 때까지 기다리는 게 공손한 태도다. 상대가 본격적인 이야기를 시작하기 전까지는 이런저런 주제로 대화를 이어간다. 경제 전반에 관한 이야기나 베트남을 여행하면서 즐거웠던 경험을 나누어도 좋고 이렇게 그들을 만나게 되어 기쁘다는 뜻을 전달해도 된다. 혹은 당신과 당신의 회사를 소개하는 것도 좋은 방법이다. 이런 과정은 상당히 중요하다. 이들은 조금이나마 당신이 어떤 사람인지 알기 전까지는 당신과 선뜻 뭔가를 해보려 하지 않을 것이기 때문이다.

만약 베트남에서의 장기 체류를 계획하는 사람이라면 베트남어를 배워보는 것도 좋을 것이다. 물론 정부나 재계에는 기본적 영어 구사가 가능한 젊은 세대가 늘어나는 추세이긴 하다. 만약 통역사를 동반하는 경우라면 반드시 통역사가 아닌 대화 상대를 바라보며 말해야 한다.

미팅 자리에서는 상대가 말하는 도중에는 가급적 그의 말을 끊지 말고 끝까지 들어주는 자세를 취하는 게 좋다. 그가 말하는 중간에 궁금하거나 짚고 넘어가고 싶은 부분이 있더라도 그 즉시 질문을 던지는 것은 별로 권할 만한 방법이 아니다. 그의 이야기를 끝까지 들으면서 중간중간 필요한 부분을 메모해두었다가 당신의 차례가 되었을 때 언급하는 게 훨씬 더 정중하고 효과적인 방법이다.

지나치게 확정적인 태도를 드러내지 않으면서도 당신의 의중을 표현할 방법이 있을 것이다. 그러나 상대의 태도는 좀 다를 수 있다. 이들이 협상 자리에서 직접적으로 속내를 드러내지 않는 데는 나름 그만한 이유가 있을 수 있다. 이를테면 확실한 답변을 해주기에 앞서 상관의 의중을 확인해야 하기 때문일 수 있다.

손님에 대한 예의를 중시하는 베트남인의 특성상 먼저 미팅을 끝내자고 말하는 경우는 매우 드물다. 따라서 당신이 적절한 시간 안에 미팅을 마무리해줄 필요가 있다. 특히 업무가 바쁜 정부 관료와의 미팅이라면 사전에 그의 비서와 연락해 어느 정도의 시간 여유가 있는지 확인해두는 게 좋다.

의사결정 과정

의사결정 과정은 상대가 누구냐에 달려 있다. 어떤 의미에서
는 경영 최일선에 있는 민간기업인을 직접 상대하는 것이 가
장 수월하다. 이들은 빠른 의사결정을 내린 후 그 결정대로 바
로 실행에 옮길 수 있기 때문이다. 또한 협상 대상이 누구인
지를 확실히 아는 상태에서 거래에 임할 수 있는 데다 복잡한
관료문화를 이해할 필요가 없다는 것도 장점이다. 그러나 민
간기업은 정부와의 연줄이 약한 경우도 있어서 사업이 난관
에 부딪히거나 막혀 있는 길을 뚫고 나가야 할 때 도움을 받
지 못할 수 있다. 반면에 국영기업체나 공공기관을 상대하는
경우, 시작 단계에서는 좀 시간이 걸릴 수 있지만 일단 거래가
체결되면 여러 가지 불필요한 요식행위를 피해갈 수 있다. 그
리고 공기업은 늘 정부의 정책 변화에 민감하게 대응하며 민
간 부문에 예정된 변화에 대해서도 미리 정보를 확보한 경우
가 많다.

• 체면 유지를 중시하는 그들 •

베트남 사람들은 상대의 말을 이해하지 못했을 때 흔히 미소를 짓는다. 잘 모르겠다고 직접 말하는 사람은 거의 없다. 만약 당신이 보기에 그가 당신의 말을 제대로 이해한 것 같지 않다 해도 그것을 직접적으로 언급하면 곤란하다. 그의 체면이 손상되기 때문이다. 오히려 제대로 설명해주지 못해 미안하다고 말한 다음 다른 방식으로 설명해주는 게 좋다. 특히 관료나 사업가를 상대할 경우라면 이 부분에서 더욱 신중하게 처신해야 한다.

상대가 아무리 당신을 화나게 하더라도 그에게 짜증을 내거나 분노를 표현하는 순간 당신의 위신은 땅에 떨어진다. 베트남에선 언성을 높이거나 화를 내면 자제력이 부족한 사람으로 간주되며 그 대상이 된 사람은 몹시 당혹스러워한다. 다른 아시아 국가와 마찬가지로 베트남에서는 체면을 잃지 않는 것이 무엇보다 중요하다. 이 나라 사람들은 미묘한 음성 변화와 신체언어를 통해 상대의 태도를 능숙하게 감지하고 그에 따라 반응한다.

정부조직 서열의 말단으로 내려갈수록 복잡한 부패의 고리에 얽혀 사업이 지연될 확률이 높다. 중앙정부에서는 비교적 명확한 가이드라인을 정해 하급기관에 전달하지만 결국 실행

단계에서 흐지부지되는 경우가 많다. 이런 이유로 기업의 의사 결정 과정이 복잡해질 수 있는데, 외국인의 눈엔 베트남 측 사업 파트너가 선뜻 결정을 내리지 못하고 시간을 끄는 것처럼 보일지 모른다. 그러나 그는 단지 외국인이 생각하듯 이 모든 과정이 그리 간단하지 않다는 사실을 이미 알기 때문에 그런 태도를 보이는 것일 수 있다.

베트남에서 사업을 시작해보려는 이들에게 호주 정부가 하는 조언 중 하나는 문제가 발생하면 정부 관료나 협력회사의 관계자 등 적임자를 찾아가는 게 최선이라는 것이다. 그에게 문제상황을 설명하고 다양한 해결방법을 제시하되 예의를 갖추어 빈틈없이 대처해야 한다. 당신이 만약 아무런 해결책을 제시하지 않은 채 그저 문제 자체만 언급한다면 그 문제를 해결하는 데 상당한 시간이 걸릴 것이다. 결국 문제해결의 책임을 상대편에게 넘긴 셈이기 때문이다. 따라서 당신이 여러 가지 현실성 있고 공정한 대안을 제시한다면 담당 관료나 사업 파트너의 입장에선 그 대안의 타당성을 검토하기만 하면 될 테고 체면이 깎일 일도 없다.

계약체결과 이행

전쟁 이후 베트남에 투자를 시작한 초기 투자자들은 대개
1990년대에 이 나라에 들어온 이들이다. 당시만 해도 이들이
서명한 계약서는 문제가 발생했을 때 거의 아무런 법적 보호
장치가 될 수 없어서 가슴앓이가 심했다. 물론 베트남인들의
비즈니스 경험이 부족해 벌어진 문제도 있었을 것이다. 가급적
좋게 생각하자면 그렇다는 거다. 이를테면 계약서에 이미 서명
을 했는데 얼마 뒤 갑자기 규정이 바뀌고, 이 새 규정에 의하
면 기존 계약은 아무 의미가 없어져 버리는 일도 비일비재했
다. 또 다른 예로 외국인 투자자가 특정 지역에서 독점계약을
체결했다고 믿었는데 나중에 알고 보니 계약 상대가 동일한
품목에 대해 제삼자와 이중계약을 체결한 일도 있었다.

최근엔 이런 문제가 많이 개선되었지만, 대도시를 많이 벗
어난 지역일수록 계약체결과 관련한 여러 문제상황에 처할 확
률이 그만큼 커진다. 다시 한번 강조하지만 이런 이유에서라
도 베트남 현지 파트너와 긴밀한 관계를 형성해두고 최대한 세
심한 주의를 기울이는 것이 중요하다. 또한 계약체결 이후에
는 상대가 계약 내용을 성실히 이행하는지 면밀히 살필 필요

양해각서 체결과 계약서 조인도 중요하지만, 양측이 의무를 이행하도록 하는 것도 중요하다.

가 있다. 계약만 체결해놓고 이후에 모든 일이 순조롭게 진행
되리라 믿은 채 귀국길에 오르는 것은 매우 무모하다. "눈에서
멀어지면 마음에서도 멀어진다"는 속담이 이 경우에도 그대로
적용되므로 꼭 명심하기 바란다.

노동조합

베트남 유일의 합법적인 국가 주도 노동조합(베트남 노동 총연맹)은 2019년에 창설 90주년을 맞았다. 그동안 임금과 생산성 모두 꾸준히 증가하는 쾌거가 이루어졌다. 베트남에서 노동조합 운동은 근본적으로 정부가 주도권을 쥐고 있지만, 사실 그동안 어느 정도의 독립성을 드러내왔다. 그리고 외국인 투자 부문에서는 더욱 그런 편이다. 1990년대 중반 이후 외국인 투자자들을 상대로 법적 보호와 임금 인상, 근무여건 개선을 요구하는 강성노조가 증가하고 있다. 하지만 상황이 과도하게 악화되지 않는 이유 중 하나는 설사 불만이 있는 노동자라 해도 지금 자기가 일하는 공장이나 사무실에 들어오기를 간절히 희망하는 사람들이 많다는 사실을 모를 리 없기 때문이다.

1995년 1월 1일부터 노동법이 발효되어 베트남의 모든 노동자는 난생 처음 노동조합을 결성하고 파업할 권리를 가지게 되었다. 또한 노동법에 따라 노동법원이 설립되어 노사정에 대해 중재를 벌일 수 있게 되었다. 그러나 노동법을 적용하는 과정에서 특히 민간 부문과 관련해서 여러 가지 문제가 제기되었다. 이를테면 정부는 노동자들의 불만을 잠재우는 동시에 투자 유치를 독려해야 하는 딜레마를 경험하고 있다.

베트남 국민은 노동윤리가 투철한 편이며 대우만 제대로 해주면 정말 열심히 일한다. 그렇다고 전적으로 수동적이기만 한 것은 아니다. 이들은 정기적으로 파업에 동참하고 업무 관련 분쟁도 심심찮게 벌인다. 대부분 관리자나 경영진의 처우에 불만을 호소하는 경우가 많다. 이를테면 임금이 너무 낮거나 시간외수당을 지불하지 않고 장시간 일을 시킬 때, 혹은 법으로 정한 의료적 지원이나 사회보장을 사측이 이행하지 않을 때, 심지어 고용주에 의한 신체적 학대가 일어났을 때 등이다.

09

의사소통

베트남어로 의사소통을 하기 시작한 것이 아주 오래전부터라 하더라도, 이들이 과연 어떤 형태의 문자를 사용했는가에 대해서는 확실하게 드러난 바가 없다. 이들은 9세기경에 한자, 즉 쯔뇨를 자신들의 문자로 채택했다. 이후 모든 공식 거래와 서신, 문학에서 한자를 사용하게 되었다. 그러나 이 문자는 실제 구어체 베트남어와는 달랐고 지금도 여전히 그렇다.

언어

베트남어의 기원에 대해서는 학자마다 의견이 분분하다. 타이 어군 혹은 몬-크메르 어군에 속한다고 말하는 이들이 있는가 하면 인도-말레이 어군이나 오스트로아시아 어족에 속한다고 주장하는 이들도 있다. 한때 사이공 문과대에서 상당한 영향력을 행사한 인물인 응우옌 딘 호아에 따르면 베트남어에는 캄보디아어나 크메르어와 공유하는 명사 어휘가 다수 존재한다고 한다. 특히 신체 부위나 가족관계, 농기구, 동식물 등을 가리키는 명사가 그렇다. 또한 그는 베트남어와 타이어의 어미에 동일한 자음이 오는 경우가 많을 뿐 아니라 두 언어 모두 다양한 성조와 어조를 활용한다고 주장한다.

한편 중국이 베트남을 지배하던 시절에는 중국어 어휘가, 그리고 프랑스 식민통치 시절에는 프랑스어 어휘가 들어와 베트남식 발음을 가진 단어로 현지화되었다.

이 민족이 베트남어로 의사소통을 하기 시작한 것이 아주 오래전부터라 하더라도 이들이 과연 어떤 형태의 문자를 사용했는가에 대해서는 확실하게 드러난 바가 없다. 이들은 9세기경에 한자, 즉 쯔뇨(학자들의 문자)를 자신들의 문자로 채택했다.

이후 모든 공식 거래와 서신, 문학에서 한자를 사용하게 되었다. 그러나 이 문자는 실제 구어체 베트남어와는 달랐고 지금도 여전히 그렇다. 중국이나 일본 등 동아시아권 사람들은 이 문자를 사용해 서로 의미를 전달할 수는 있지만, 실제 구두로 소통할 수는 없다.

그러던 중 베트남의 학자나 작가들이 순수한 형태의 베트남어로 소통하는 방식을 찾기 시작했고, 이에 따라 문학작품과 저작물을 중심으로 토종 베트남어의 발음 표기를 시도하게 되었다.

그러나 17세기에 유럽 전역에서 가톨릭 선교사들이 베트남에 들어온 이후 그들의 종교 사상을 현지인에게 전달할 언어 수단이 필요해졌다. 프랑스 예수회 소속 선교사이자 학자였던 알렉상드르 드 로드 신부는 12년간의 연구를 통해 베트남어를 로마자로 표기한 일명 '꾸옥 응으(국어)'를 개발했다. 1649년 로드 신부는 베트남어-포르투갈어-라틴어로 병기한 사전을 완성했다. 꾸옥 응으는 1920년 마침내 베트남의 공식 국어로 인정되었고, 1945년부터는 모든 초등학교에서 사용되기 시작했다.

중국어와 마찬가지로 베트남어는 성조가 매우 강한 언어라서 같은 단어라도 어떻게 발음하느냐에 따라 뜻이 완전히 달라진 다. 때문에 베트남어를 처음 배우는 외국인의 발음 실수로 온 갖 해프닝이 벌어지며, 현지인들은 이런 모습을 재미있어하기 도 한다(물론 예의상 드러내놓고 낄낄거리진 않지만).

북쪽엔 6개, 남쪽엔 5개의 성조가 존재한다. 아주 단순한 단어인 '마^{ma}'의 경우, 성조에 따라 각각 '말^{horse}', '엄마', '유령', '모내기' 등으로 의미가 달라진다. 중국에서도 '마'라는 동일한 단어가 '말^{horse}'이란 의미로 쓰이며 마찬가지로 성조에 따라 다 른 의미를 지닌다는 사실은 상당히 흥미로운 부분이다.

베트남어는 모음 12개와 자음 27개로 이루어져 있는데, 특 히 파생접사가 부족하고 수나 성별 등에 따라 단어의 형태가 변하는 것으로 악명이 높다. 게다가 모든 수식어는 항상 그것이 수식하고 있는 명사, 형용사, 동사, 부사의 뒤에 따라 나온다. 이를테면 '대륙 아시아의', '마을 작은', '비싼 가장' 같은 식이다.

앤 카델 크로포드는 베트남 전쟁 당시 출간된 책 『베트남 의 문화와 관습(Customs and Culture of Vietnam)』에서 이렇게 지적했 다. "베트남어 문장엔 생략된 말이 많다. 마치 몇 마디 되지 않는 전보문과 비슷하다. 생략할 수 있는 단어는 모조리 생략해 버리는 식이다. 이미 아는 내용이라면 모를까 도대체 무슨 말을 하는지 알 수가 없다."

과거 북베트남의 학생들은 이념적 충성심의 발로에서 러시아어를 배우기도 했고, 나이 든 세대에서는 프랑스어를 구사하는 이들이 많았다. 그러나 이제 베트남의 대학생들 사이에서는 영어가 대세다.

【 소수민족의 언어 】

베트남의 소수민족, 특히 북부와 남부 모두에 살고 있는 고산족은 베트남어와는 전혀 다른 고유한 언어적 전통을 가지고 있다. 이들은 베트남 정부의 동화정책에도 불구하고 여전히 자신들의 언어를 고집하고 있다. 사실 소수민족마다 각기 다른 언어를 사용하기 때문에 막상 이들끼리도 소통을 하려면 수화를 사용해야 한다.

소수민족의 언어는 크게 몬-크메르 어군과 말레이-폴리네시아 어군으로 나눌 수 있다. 몬-크메르 어군은 동남아시아 여러 곳에 흩어져 사는 다양한 소수민족이 사용하는 언어다. 말레이-폴리네시아 어군은 이름에서 알 수 있듯이 인도네시아 일부 지역과 태평양의 여러 섬에서 사용하는 언어다. 베트남에서 몬-크메르 어군을 사용하는 부족으로는 몽족과 몽타냐르족을 들 수 있고 말레이-폴리네시아 어군을 사용하는 부족은 자라이족, 흐로이족, 라데이족, 참족을 들 수 있다. 그러나 중국과의 국경이 있는 북부 고산지역의 소수민족들은 뚜렷한 중국-티베트 어족 방언을 사용한다.

호칭과 인사말

【 이름 부르기 】
예비지식이 없는 외국인은 베트남인을 직접 만난 자리에서 그의 이름을 어떻게 불러야 할지를 파악하기가 쉽지 않다. 이들의 이름은 성, 중간 이름, 본 이름의 세 부분으로 이루어져 있다. 예를 들어 '응우옌 반 훙'이란 이름이 있다고 하자. 여기서 중간 이름인 '반'을 통해 이 사람이 남성임을 알 수 있고, 본 이름인 '훙'은 '용기'를 뜻한다. 따라서 이 사람은 응우옌 가문의 남성이며, 출생 당시 그의 가족은 그가 자라서 어른이 되면 아주 용감한 남성이 되기를 바랐다는 사실을 짐작해볼 수 있다. 이 경우 그를 부르려면 '미스터 응우옌'이 아니라 '미스터 훙'이라 불러야 한다. 다시 말해 베트남 사람을 부르려면 성이 아닌 이름으로 불러야 한다. 물론 여기에도 몇 가지 예외가 있는데, 예를 들면 정치적으로 어떤 인물을 칭송하고자 할 때 그렇다. 그래서 호찌민을 '호 대통령'이나 '호 아저씨'로, 남베트남의 초대 대통령을 지낸 응오 딘 지엠을 '응오 대통령'이라 부른다. 예전에는 왕을 언급하려면 오직 왕조의 이름으로만 부를 수 있었고, 왕의 이름을 직접 언급했다가는 감옥에 가거나 죽음을 면치 못했다.

베트남에는 총 100개의 성이 존재하지만 실제 사용되는 것은 응우옌, 레, 쩐, 팜, 판, 쯔엉 등이 주를 이룬다. 베트남인을 부를 때 성을 사용하지 않는 이유 중 하나가 바로 이것인데,

같은 성을 가진 사람이 너무 많아 혼동을 일으킬 수 있어서다. 베트남 여성은 결혼 후에도 자신의 성을 그대로 유지한다.

부모는 흔히 자녀의 이름에 자신들의 염원과 이상을 반영해 짓는다. 그러다 보니 어떤 단어든 이름이 될 수 있다. 흔히 사용되는 것으로는 자질이나 품성과 관련된 낱말(쭝-충성, 홍-용기, 리엠-진실함), 계절(쑤언-봄, 투-가을), 꽃(홍-장미, 란-난초), 과일(뇨-포도, 레-배), 자연현상이나 천체를 가리키는 낱말(뚜옛-눈, 반-구름, 응우옛-달) 등이 있다. 여자아이의 이름은 흔히 미덕에 속하는 단어나 아름다움, 달콤함, 향기와 관련된 단어, 혹은 듣기 좋은 단어에서 골라 사용한다.

중간 이름을 사용하는 이유는 다양하다. 일차적으로는 성별을 구별하는 용도로 사용되는데, 이것은 베트남에서는 남성적인 이름과 여성적인 이름이 따로 나뉘어 있지 않기 때문이기도 하다. 여성의 중간 이름으로 흔히 사용되는 것은 '티'와 이보다 조금 덜 흔한 '누'를 들 수 있다. 따라서 '응우옌 반 하이'는 남성의 이름인 반면 '응우옌 티 하이'는 여성의 이름임을 알 수 있다.

그러나 근래 들어 젊은이들 사이에서는 성을 구별하기 위한 중간 이름은 그냥 생략하는 추세로 가고 있다. 중간 이름을 사용하는 또 다른 이유는 각기 다른 집안을 표시하기 위해서다. 따라서 조상이 같은 후손들은 모두 같은 중간 이름을 공유한다. 뿐만 아니라 중간 이름을 통해 항렬을 표시하기도 한다. 같은 항렬이면 동일한 중간 이름을 사용한다.

【다양한 인사말】

베트남에서는 상대방의 나이나 성별, 사회적 지위 등에 따라 건네는 인사말이 달라진다. 다행히 외국인이 이를 몰라 실수할 경우에도 잘 이해해주는 편이다. 인사말은 대상이 누구냐에 따라 이런 식으로 달라진다.

짜오 옹 할아버지처럼 연장자나 중요한 사람에게

짜오 아인 남동생처럼 자기보다 나이 어린 남자에게

짜오 쯔 삼촌처럼 자기보다는 연장자이지만 아버지보다는 어린 남자에게

짜오 바 할머니처럼 자기보다 나이가 많거나 중요한 여성에게

짜오 찌 나이가 많은 여성에게

짜오 꼬 어린 여성에게

짜오 엠 자기보다 아랫사람에게(여자든 남자든), 혹은 남편

처럼 아주 가까운 이에게

짜오 반 자기 나이 또래의 친구에게

베트남에선 상대가 이름을 불러도 좋다고 직접 말할 때까지는 '미스터'나 '미스', '미즈'를 붙이거나, 직함이 있으면 그 직함을 붙여서 불러야 한다. 사실 완전히 서구화된 사람이 아닌 이상 그의 이름을 직접 부를 수 있기까지는 어느 정도 시간이 걸릴 것이다.

【 직문 즉답 】

일반적으로 베트남 사람들은 상대방의 질문에 대해 직접적인 답변을 꺼리는 경향이 있다. 하지만 이런 그들도 외국인을 만나면 나이나 결혼 여부, 가족 관계, 심지어 상대가 입고 있는 옷의 가격 등을 물어올 때가 있다. 사실 이것은 다른 나라 사람들의 삶과 생전 처음 보는 물건에 대한 호기심을 자연스럽게 드러낸 것에 불과하다(물론 대도시의 경우는 사정이 다르다. 어딜 가나 외국인을 쉽게 볼 수 있는 데다 TV를 통해 외부세계를 쉽게 접할 수 있기 때문이다). 만약 상대가 그런 질문을 던진다면 그저 솔직하게 답

해주거나 부드럽고 위트 있게 넘기면 될 일이다.

베트남인들은 어떤 일이든 직접적인 방식으로 처리하는 법이 없다. 그런 방식은 미숙하고 조심성 없는 태도라고 여기기 때문이다. 특히 서구인의 시각에서 보았을 때 분명 "아니요"라고 말해야 될 상황에서조차 이들이 그런 의사표시를 꺼리는 모습은 꽤 당혹스럽다. 따라서 이들에게는 가급적 부정적인 질문을 하지 않는 게 좋다.

몸짓언어

과거 베트남에서는 악수를 하는 것은 상당히 야만적인 행위로 간주되었다. 그러나 이제 서구의 영향으로 악수 문화가 널리 확산된 상태다. 도시 남성들은 별다른 거부감 없이 악수를 나누고 의례적인 인사를 건넨다. 여성, 특히 농촌지역의 여성은 여전히 악수를 나누는 것을 부끄러워한다. 따라서 여성이 먼저 청하지 않는 한 내 쪽에서 먼저 악수를 청하는 것은 별로 바람직하지 않다.

이제 도시에서는 서로 만났을 때 고개 숙여 인사하는 모습

은 거의 찾아보기 힘들다. 물론 상대가 자기보다 나이가 꽤 지긋한 경우엔 예외다. 그러나 격식을 갖춘 자리나 종교적인 장소, 혹은 일부 농촌지역에서는 합장하듯 두 손을 앞으로 모으고 고개를 살짝 숙여 인사하는 모습을 볼 수 있다.

· 비언어적 의사소통 ·

베트남에선 서구사회보다 비언어적 의사소통이 훨씬 더 중요한 기능을 한다.

· 베트남에서는 감사 표시를 말로 직접 하는 대신 미소를 짓거나 조용히 침묵
하는 경우가 많다. 따라서 '내가 혹시 뭘 잘못했나?'라고 걱정할 필요는 없
다. 당신이 어떤 베트남인에게 칭찬을 했다고 치자. 그런데 베트남에서는 상
대의 칭찬에 대해 고맙다고 직접 말하는 것은 겸손하지 않은 행동으로 여겨
질 수 있다. 이들은 오히려 당신이 칭찬한 내용을 극구 부인하는 경우까지
있다. 때문에 이곳에서는 고맙다는 말보다는 그저 살며시 미소를 짓거나 얼
굴을 붉히는 것이 더 일반적인 반응이다.

· 어떤 경우라도 윙크는 점잖지 못한 행위로 간주된다. 또한 입을 삐죽 내미
는 행동은 상대방을 무시하는 것으로 간주된다.

· 손동작도 매우 중요하다. 손을 주머니에 넣거나 엉덩이에 올리는 행동은 거
만하고 상대를 존중하지 않는 태도로 여겨진다. 그러나 팔짱을 끼는 것은
오히려 공손한 행위다. 상대의 등을 토닥이는 것, 특히 연장자나 자신보다
지위가 높은 사람에게 그렇게 하는 것은 무례한 짓이다. 대화 도중 상대방
을 손가락으로 가리키는 행위 역시 마찬가지다.

· 동성의 손을 잡고 다니는 것은 괜찮지만 사람들 앞에서 이성의 손을 잡는

행동은 삼가야 한다.

- 상대방을 손짓으로 부르는 것은 상황에 따라서는 상당히 무례하고 심지어 위협적인 행동으로 간주될 수 있다. 특히 손가락 안쪽을 위로 향한 상태에서 상대방을 부르는 것은 절대 금물이다. 이것은 매우 무례한 행동일 뿐 아니라 내가 상대보다 높은 지위에 있거나 우월하다는 태도를 드러내는 것으로 오해받을 수 있다. 누군가를 조용히 당신 쪽으로 오게 하고 싶다면 손가락이 아닌 손 전체를 사용하되 손바닥이 아래로 향하게 한 상태에서 불러야 한다.

【접촉 금지】

서구인은 대개 천성적으로 스킨십이 자연스럽다. 그러나 베트남처럼 상대적으로 보수적인 사회에서는 이 부분에서도 주의를 기울여야 한다. 특히 이성의 몸을 만지는 행위는 그 동기가 아무리 순수하다 해도 매우 무례한 행위로 간주된다. 심지어 격려의 차원에서 살짝 등을 토닥이는 것도 그렇다. 특히 머리를 만지는 것은 그 사람, 더 나아가 그의 조상을 모욕하는 행위로 여겨질 수 있는데, 전통적으로 베트남인들은 머리에 영혼이 머문다고 믿기 때문이다.

　이들이 오랜 세월 간직해온, 그러나 지금은 역사 속으로 사라져 가는 또 다른 믿음은 사람의 어깨에 정령이 거하기 때문에 상대의 어깨를 만지면 그 정령의 심기를 건드린다는 생각이다. 만약 실수로 어떤 사람의 어깨를 만졌다면 재빨리 반대쪽 어깨를 만지면 된다. 이렇게 하면 그 사람에게 불운이 찾아오는 것을 막을 수 있다고 믿기 때문이다.

【 시선 처리 】

전통적으로 베트남 문화에선 상대의 눈을 똑바로 쳐다보는 것은 특히 그 상대가 나이나 사회적 지위 혹은 가족 내 서열에서 우위에 있을 경우 상대에 대한 도전을 의미할 수 있다. 상대가 이성일 경우는 그(혹은 그녀)에 대한 열망을 표현하는 것이 될 수도 있다. 따라서 당신의 눈을 똑바로 쳐다보지 않는 베트남인이 있더라도 그를 교활하거나 속임수를 쓰는 사람으로 오해하면 곤란하다. 이것은 단지 타인에 대한 겸손과 존중의 표시일 뿐이다.

매체

베트남의 국내 신문사나 TV와 라디오 방송국은 정부의 엄격한 통제하에 있다. 간혹 기자들이 부패 공직자에 관한 내용을 보도하는 경우는 있으나 공산당 자체에 대한 직접적 비판은 금지되어 있다. 베트남 주재 해외 언론사 직원들은 하노이 이외의 지역으로 여행할 때는 반드시 외무부의 승인을 받아야 한다.

【 인쇄매체 】

베트남어로 된 주요 신문은 하노이의 〈인민일보〉와 군사 신문인 〈인민군보〉, 그리고 호찌민시의 〈사이공 해방신문〉이 있다. 영자 신문으로는 하노이의 〈베트남뉴스(Vietnam News)〉와 호찌민시의 〈사이공 타임스 데일리(Saigon Times Daily)〉를 들 수 있다. 주요 영자 잡지로는 〈베트남 투자 리뷰(Vietnam Investment Review)〉와 〈베트남 경제 리뷰(Vietnam Economic Review)〉가 있는데 둘 다 비즈니스 전문 잡지다. 대부분의 베트남 신문사가 온라인 영문 버전을 제공한다.

현재 베트남에서는 미용과 실내장식을 전문으로 한 여성

잡지에서부터 정부의 부패와 갱스터리즘(악당 행위)을 폭로하는
타블로이드 신문에 이르기까지, 역사상 그 어느 때보다 미디
어가 꽃을 피우고 있다. 그러나 여전히 금기시되는 주제가 있
다. 복수정당을 요구하거나 정부정책을 비판하는 저자나 편집
자는 상당한 위험에 노출될 수 있다. 미디어마다 나름대로 자
체 검열과정을 거치긴 하지만 그런 와중에도 상당히 무거운
이슈들을 보도하며 그에 대한 논의과정을 다각도로 제시한

다. 여러 정부 부처에서도 미디어를 활용해 그들의 관점을 피력하고자 애쓴다. 일부 정책과 법률은 열띤 미디어 토론과정을 거친 후 수정되거나 철회되기도 한다. 확실히 젊은 세대는 인터넷과 해외방송을 상대적으로 쉽게 접할 수 있다 보니 국내언론에 대한 기대치가 높은 편이다. 이런 분위기 덕분에 아마도 향후 베트남의 미디어 지평은 점차 확대될 수밖에 없을 것이다.

【 인터넷 】

베트남 정부는 인터넷 접근에 대한 엄격한 통제를 유지하고 있다. 잘 알려져 있듯 "대나무 방화벽Bamboo Firewall"이라는 국가 방화벽으로 못마땅하거나 정치적으로 민감한 것으로 여겨지는 웹사이트를 차단한다. 또한 인터넷을 이용해서 정부를 비판하거나 반대하고, 국가안보와 사회 질서를 교란하며, 전통생활방식을 어기는 행위를 엄격히 금한다. 2019년 베트남 정부는 사이버 보안법을 도입하여, 모든 인터넷 서비스 사업자가 정부의 요구에 따라 사용자의 데이터를 의무적으로 제공하도록 만들었다. 이는 반대 세력이 될 가능성이 있는 자들을 위협하기 위한 하나의 방안이다. 통제에도 불구하고 베트남 국민은 인터넷과 소셜미디어를 통해 뉴스와 오락을 점점 더 많이 접하고 있다. 그래서 정부는 페이스북이나 구글 같은 인기 있는 플랫폼을 대체할 토종 서비스를 적극 홍보하고 있는데, 그 이유는 불 보듯 뻔하다.

우편서비스와 전자통신

베트남은 그동안 자국의 전자통신 시스템을 선진화하고 확대하기 위해 엄청난 노력을 기울여왔다. 주요 통신선이 대폭 증설되었으며, 5G 경쟁도 진행 중이다. 디지털화해서 연결하는 데에 광케이블이나 극초단파 통신망이 사용된다. 전체 인구의 90% 이상이 스마트폰을 보유하고 있다.

  물론 배달 시간이 좀 오래 걸리긴 하나 주요 도시의 경우 우편서비스의 질은 꽤 믿을 만한 편이다. 우체국을 통해 해외로 우편물을 발송하는 경우에도 큰 어려움이 없다. 그러나 해외 우편물 수령은 장담할 수 없으므로 주요 호텔을 주소지로 해서 받아보는 게 가장 안전하다.

【심카드】

베트남에는 4개 통신사가 있다. 가장 넓은 통신망을 갖춘 것이 비엣텔Viettel며 그 뒤를 비나폰Vinaphone이 잇는다. 인적이 드문 지역으로 간다면, 모비폰Mobifone 심은 적합하지 않다. 베트남모바일Vienamobile은 가격은 저렴하지만, 주요 도시를 벗어나면 서비스가 안정적이지 못하다.

모든 심카드는 반드시 등록해야 한다. 그렇지 않을 경우, 통신이 차단될 위험이 있다. 이는 만약 비공식 판매자로부터 심카드를 구매했다면 공식 판매자에게 가서 번호를 등록해야 한다는 뜻이다. 등록하러 갈 때 여권을 소지하는 것을 잊지 말도록 한다.

결론

20세기 중반에서 후반에 이르는 긴 세월 동안 '베트남'이란 말 속에는 왠지 부정적인 이미지가 함축되어 있었던 게 사실이다. '베트남'은 마치 잘못된 세상을 대변하는 단어처럼 인식되었다. 냉전, 강대국의 대결, 글로벌 공산화 위협, 정치·군사

적 막판 전술, 수백만 명의 죽음, 미국 린든 존슨 대통령이 주창한 '위대한 사회'라는 꿈의 좌절 등 그 목록은 이루 헤아릴 수 없을 정도다. 하지만 이 책이 보여주듯 이제 우리는 '베트남'이란 단어를 들으면 곳곳에 수려한 자연경관을 보유한 나라, 국민 모두가 세계 제일의 선진국을 건설하기 위해 열심히 일하는 나라, 자신들의 고대 문화를 소중히 보존하고 생생히 살아 숨 쉬는 존재로 가꾸는 나라, 희망으로 충만한 나라가 떠오른다.

편리함뿐 아니라 약간의 투박함까지도 감내할 마음의 준비가 된 방문자라면 이곳에서의 생활에 별다른 어려움을 느끼지 못할 것이다. 약간의 인내와 이해심만 있다면 대다수 방문자가 베트남에서 보낸 시간을 유쾌하고 잊지 못할 경험으로 간직할 수 있을 것이다. 직접 베트남에 와보면 이 나라에 대해 가졌던 우울한 이미지를 모두 지워버리고, 기분 좋은 추억과 다시 찾아오고 싶다는 열망을 간직한 채 떠날 수 있다.

급속하고 전방위적인 변화를 겪는 여느 나라와 마찬가지로 베트남에서도 상당히 대조적인 인간군을 만나게 된다. 도시를 보면 모두들 어딘가를 향해 정신없이 돌진하는 모습이다. 이들은 몸뿐 아니라 삶을 대하는 태도 자체에 여유가 없어 보인다. 반면 농촌은 예전의 생활방식과 속도를 그대로 유지한 곳이 많다. 이들은 인내와 금욕이라는 전통적 가치를 지켜나간다. 이렇듯 상반된 면모를 지닌 베트남은 호기심 많고 사려 깊은 방문자에게 상당히 다채롭고 유쾌한 그들만의 문화적 색채를 선물할 것이다.

Ahamove 크기가 큰 가구부터 작은 소포에 이르기까지 모든 물건을 배송해준다. 선호하는 운송 수단과 최대 중량을 선택한다. 물건을 실을 때 도움이 필요하면 메모를 남기도록 한다.

Foody 외식하기 좋은 레스토랑과 길거리 음식 추천을 공유할 수 있다. 사용언어를 영어로 설정할 수 있다. 대다수 후기는 베트남어로 작성되어 있지만, 영어 후기도 점점 늘고 있다. 음식 배달 서비스도 제공한다.

Grab 베트남에서 교통수단을 찾는 사람들에게 유용한 앱이다. 사용법은 간단하다. 현재 위치와 목적지, 원하는 교통수단을 입력한다. 결제방식은 현금이나 카드, 사전 충전한 가상계좌 GrabPay 중 선택 가능하다. 예약하기 전에 요금도 알려주고 도착할 운전사의 사진도 제공한다. 다른 앱을 원한다면 GoViet도 같은 서비스를 제공한다. 두 앱 모두 물건을 배송할 때도 사용할 수 있다.

Timo 베트남 최초의 디지털 은행이다. 계좌개설이 간단하고 인터넷, 수도, 전기 요금도 결제할 수 있고, 휴대전화 사용 한도도 늘릴 수 있고, 다른 Timo 사용자에게 송금할 수도 있다.

Zalo 왓츠앱과 위챗의 베트남 버전이다. 새로 사귄 베트남 친구들은 모두 이 앱을 사용하니, 베트남을 떠나더라도 이 앱으로 친구들과 연락을 주고받을 수 있다.

참고문헌

Fitzgerarld, Frances. *Fire in the Lake: The Vietnamese and Americans in Vietnam*. Boston: Back Bay Books, 2002.

Goscha, C. *Vietnam: A New History*. New York: Basic Books, 2016.

Handicott, Ben. *Lonely Planet Vietnamese Phrasebook and Dictionary*. Franklin: Lonely Planet, 2018.

Sasges, G. *It's a Living: Work and Life in Vietnam Today*. Singapore: National University of Singapore Press, 2013.

Strom, D. *The Gentle Order of Girls and Boys: Four Stories*. Berkeley: Counterpoint Press, 2019.

Taylor, K. *The Birth of Vietnam*. Berkeley, California: University of California Press, 1983.

Vierra, K., and B. Vierra. *Vietnam Business Guide: Getting Started in Tomorrow's Market Today*. Hoboken: Wiley, 2010.

지은이

제프리 머레이

제프리 머레이는 40년 넘게 아시아에서 기자와 작가, 교사로 일했는데, 특히 중국과 인도, 일본, 싱가포르에 오래 머물렀다. 그동안 펴낸 15권의 책 가운데 1997년에 출간된 두 권의 책, 『Vietnam: Dawn of a New Market』과 『Simple Guide to the Customs and Etiquette of Vietnam』을 제외하고는, 대부분이 중국의 비즈니스 및 사회경제 분야에 관한 광범위한 내용을 다룬 것이다. 1960년대 중반 호주군과 함께 종군기자로 파견되어 처음 베트남 땅을 밟은 이래, 이 나라의 발전상황을 면밀히 관찰해왔다. 호주 정부로부터 '베트남전쟁 후방 지원 공로상'을 받았다.

옮긴이

정용숙

연세대학교 영어영문학과를 졸업한 후 초등학교에서 영어전담교사로 학생들을 가르쳤다. 현재 번역에이전시 엔터스코리아에서 출판기획자 및 전문번역가로 활동 중이다. 옮긴 책으로는 『아동 발달, 그 오해와 진실』, 『인디스펜서블: 조직에서 꼭 필요한 인재가 되는 법』, 『청소년 빨간 인문학』, 『중학생은 왜 가끔씩 미치는 걸까』, 『마케팅, 온몸을 공략하라』, 『시장을 뒤흔드는 크로스오버 아이디어: 다른 산업에서 아이디어를 훔쳐라』 등 다수가 있다.

세계 문화 여행
시리즈

세계의 **풍습**과 **문화**가 궁금한
이들을 위한 **필수 안내서**